ピグー 知識と実践の厚生経済学

Pigou

His Welfare Economics as a Search for Practical Knowledge

アーサー・C・ピグー［著］
高見典和［訳］

ミネルヴァ書房

ピグー　知識と実践の厚生経済学

目次

凡例

目次

【凡　例】

1　本書では、ピグーの経済思想を理解するためにさまざまな出所の論文を訳出した。各章の底本は以下のとおりである。

第1章　An Economist's Apologia, in *Economics in Practice: Six Lectures on Current Issues*. A. C. Pigou. Westport, Conn.: Hyperion Press. 1979 [1935]. pp. 1–25

第2章　Protection and the Working Classes, in *A. C. Pigou: Journal Articles*. D. Collard ed. Basingstoke: Macmillan. 2002. 2 vols. pp. 95–126

第3章　Some Aspects of the Housing Problem, in *Essays in Applied Economics*. A. C. Pigou. Vol. 5 of A. C. Pigou Collected Economic Writings. Basingstoke: Macmillan. 1999 [1923]. pp. 112–125

第4章　Limiting Factors in Wage Rates, in *Economic Essays and Addresses*. A. C. Pigou and D. H. Robertson. New York: Garland Pub. 1983 [1931]. pp. 20–33

第5章　The Burden of War and Future Generations, in *A. C. Pigou: Journal Articles*. D. Collard ed. Basingstoke: Macmillan. 2002. 2 vols. pp. 218–227

第6章　Economy and Waste, in *Economics in Practice: Six Lectures on Current Issues*. A. C. Pigou. Westport, Conn.: Hyperion Press. 1979 [1935]. pp. 26–51

第7章　Inflation, Deflation and Reflation, in *Economics in Practice: Six Lectures on Current Issues*. A. C.

Pigou. Westport, Conn.: Hyperion Press. 1979 [1935]. pp. 80–106

第8章　Baron Keynes of Tilton 1883–1946, in A. C. *Pigou: Journal Articles*. D. Collard ed. Basingstoke: Macmillan. 2002. 2 vols. pp. 576–594

第9章　F. A. Hayek's The Road to Serfdom, in A. C. *Pigou: Journal Articles*. D. Collard ed. Basingstoke: Macmillan. 2002. 2 vols. pp. 560–562

第10章　Professor Duesenberry on Income and Savings, in A. C. *Pigou: Journal Articles*. D. Collard ed. Basingstoke: Macmillan. 2002. 2 vols. pp. 632–634

第11章　Equilibrium under Bilateral Monopoly, in A. C. *Pigou: Journal Articles*. D. Collard ed. Basingstoke: Macmillan. 2002. 2 vols. pp. 149–164

第12章　Producers' and Consumers' Surplus, in A. C. *Pigou: Journal Articles*. D. Collard ed. Basingstoke: Macmillan. 2002. 2 vols. pp. 165–177

第13章　The Value of Money, in A. C. *Pigou: Journal Articles*. D. Collard ed. Basingstoke: Macmillan. 2002. 2 vols. pp. 199–217

2　本文中の〔　〕は訳者による注や補足である。

3　原文中の斜体字は、必要な限りにおいて傍点に置き換えた。

4　原文中の引用符（“　”）は、かぎ括弧（「　」）に置き換えた。

5　原文中の著作名は、二重かぎ括弧（『　』）で表している。

6　必ずしも明確な定訳が存在しない単語や読み方の不確かな人名にかんしては、訳文のあとに括弧で原文を示した。例　福利（ophelimity）、サー・セオドア・モリソン（Sir Theodore Morrison）。

7　第1、3、4、6、7章は、講義を文章に起こしたものである。「今日の午後は……」などという表現があるのはそのためである。

第1章　一経済学者の弁明

ロンドン大学からの親切な招待によって、専門的すぎるものではなく、経済学を勉強している学部学生が関心を持てるような講義を提供することになった。今日の午後は、経済学者はいったい何をしなければならないかという問題について一般的な説明をこころみたい。これは、言うなれば経済学者の弁明である。

わたしは、ある意味このような話題を論じるにはふさわしくない。何事にかんしても最善の弁明者というものは、それを最高に愛している人、つまりかれ自身の研究が世界中で無限にもっとも重要なものと考えている人である。わたしはそのような人ではない。わたしは、経済知識の追求を世界でもっとも重要な活動と見せかけることはできない。実際、わたしはあらゆる種類の知識の追求をそのようにみせかけることはできない。

知識よ、われわれはなんじの敵ではないが、
勤勉になんじを追い求める
しかるに世界は大いなる風に吹かれている
輝きながら、なんじにその輝きはない

知識の追求は価値ある活動である。しかし、それは唯一価値のある行動ではなく、またわたしが思うに最初の行動でもない。

つぎにわたしは、これよりもさらに悪いことについて弁解しなければならない。知識や考察というかぎられた領域内においても、経済学者が担当する部分はわたしが思うにあまり高級なものではない。わたしが生まれ育ったところでは、依然として知的専門職と商いの仕事を明確に区別し、商いに従事する人、あるいはさらに父親や祖父がそのような仕事に従事していた人を本質的に自分より劣った人とみなすのが一般的であった。そのような変わった価値観は、いまではほとんど消え去った。ただし、一部の説教師、さらにはより多くの女説教師が生き残っている。この消え去った、あるいは消え去りつつある感覚は、わたしの論点に具体例を提供してくれる。経済学は、諸科学のなかでの商売人である。それは空想的魅力に欠ける。原子を粉砕しないし、恒星の質量をはからない。高度な哲学のかすかな大気のなかで絶望の翼をはためかせることはない。経済学は色彩に欠け、

庶民的である。空や大海の自由がない。汚らしい革紐で大地に縛られている。では、経済学はなにを誇ることができるのか。それを追求する人にどのような恩恵を与えてくれるのか。

『人の筋肉運動』という本の序論でＡ・Ｖ・ヒル教授は、フィラデルフィアで「筋肉の仕組み」と題された講義をしたあとに、憤慨した年配の聴講者から、「生理学の難解な研究はなんの役に立つのか」と質問されたときのことを伝えている。教授の答えは、「本当のところを言うと、わたしはそれが役に立つからではなく、面白いからやっている」というものであった。聴衆は大きな拍手をおくり、次の日の新聞には、「科学者は面白いからやる」という好意的な見出しがのった。科学の一部の部門を行う研究者にとっては、これは賞賛に値する十分な答えである。このような科学者はただ知識を得るために研究する。その研究にかんして、それ以外の正当化をしないし、する必要がない。

神よ、われらは巡礼者である。われらは行く
つねにより遠くへ
雪でさえぎられた、あの青い山をこえて、
あるいは、あの怒りたけった、おぼろげに輝く海をわたり

しかし経済学者は、このように経済学が知識の追求のための学問であると言うことができるであろうか。ある程度までは間違いなくそれはあてはまる。経済の世界の、けっして到達しえない均衡に向かう終わりのない運動過程における複雑な相互作用を理解することは、知的な試練である。ワルラスとパレートが相互に関連する部分を一つにまとめあげようとした連立方程式には、美的な魅力がある。しかしわたしが思うに、われわれ経済学者はこの点にあまり強く依存してはならない。経済学は、純粋な論理的推論が勝利するような学問ではない。その面では、経済学のあつかう問題は簡単すぎる。たしかに新聞の書評者にとっては、マーシャルが簡略な数学とよんだ方法を用いた分析は、恐ろしいほど困難な問題のように見える。かれらの成長不良の理解力では、経済学者は一般人には到達できない領域にいる。経済学者は「死神とともに喪服をきて沈黙の丘を歩く」と言われたこともある。しかし、理論物理学や純粋数学の研究者がかれらのエベレストから見ると、いわゆる数理経済学者は、そのうちもっとも厳格なものでも、プリムローズヒル〔ロンドンの公園にある丘、標高七八メートル〕の頂上に向かって這っているハエにすぎない。それ自体のための知識として見れば、経済学の成果は貧弱である。

しかし、科学を正当化する理由は、知識それ自体のためというものだけではない。多くの科学の部門では、その気になれば別の弁解の方向がある。それらの科学が獲得する知識はしばしば、ときにはきわめて驚くべき意外な方法で、政治家や企業家が「現実に役立つ結果」とよぶものをもたらす。A・V・ヒル教授のような人たちの研究は、かれらが功利的な動機を直接的にはわずかにしか持っていないとしても、多大な功利的な帰結をもたらすであろう。生理学が現実の医療に役立つというのは、言うまでもなく明らかである。しかし、ほかの領域では、一見すればほとんどあからさまに無益な研究が将来において現実に有益な発明のもととなった。毒ガスやHE砲弾（high explosive shells）をもたらした化学の名声についてわたしは何も言うつもりはない。世界は、そのような兵器よりも平和的な多くの利益を純粋科学に負っている。無線電信技術の主要な起源は、マルコーニの実験的研究ではなく、クラーク・マックスウェルによって開発された――一見、現実との関連がまったくないように見えた――基礎方程式であった。経済学者の弁明は、主として、マックスウェルによる研究のこの側面、すなわち光明〔新しい知識の獲得〕の約束ではなく果実〔人間の生活の改善〕の約束にもとづかなければならない。

しかしここで誤った推論におちいらないように忠告するのがよいだろう。経済学の研究が主として現実に役立つということで正当化されるべきということが認められたとしても、それは経済学者は間近な現実的問題に集中するべきであるということを意味しない。たしかに――とくにそのような近い期間で、全世界の経済的調整がうまくいっていないとき、ある土地で飢えた人たちを養えるかもしれない穀物が別の土地で過剰供給のため焼却されるとき、あるいはこの国で二〇〇万人以上が仕事を探しているのに見つからないとき――すべての経済学者は、経済病理に考えを集中させる強い誘引を持つ。しかし病理学は生理学にもとづかなければならない。生理学をないがしろにすることは、長期的には医療にとってマイナスである。果物の生産者は、たんに果物のみを世話しているのではない。木々の根にも目を配っている。自然科学の経験は、直近の現実的問題の考察が必ずしも現実にもっとも役立つわけではないという十分な証明を与える。より遠くの、より根本的な、いわばより理論的な考察が、ときには最終的にもっとも大きな収穫をもたらすことがある。さきに言及したクラーク・マックスウェルの研究は、そのもっとも顕著な例である。遠い領域を研究している経済学者は、現実的でかつ真剣であり、安っぽいおもちゃのような理論の構築に終始していないかぎりにおいて、現実の生活の細部に寄り添って、自分のことを潜在的な果物の生産者と考えている人よりも、資格が劣るわけではない。

この果物とは何かをより深く見るまえに、さらにべつの予備的な言及をしなければならない。経済学者のあつかう主題の特別な性質から、経済学者はかなりきまりの悪い思いをすることになる。〔第一の〕もっとも重要なものは、つぎのように表現できる。すなわち、研究上の概念ツールが主として私的なものか公的なものであるかにおうじて、研究主題を二つの大きな分類に分けることができる。文芸批評のような主題において用いられる概念ツールは、私的なものである。つまりそこでは、個々の批評家の熟練した嗜好や敏感な感覚が用いられる。他方で、理論物理学においては、数学という公的なツールが詳細に利用される。複雑な公的ツールが用いられる研究主題では、専門の研究者は、そのツールに熟達していないおせっかいな人たちから介入されることなく研究を行うことができる。とくに理論物理学においては、ぞっとするようなテンソル計算が、素人を遠ざける門番の役割を果たしている。自信にあふれた政治家、たとえばウィンストン・チャーチル氏でさえも、その門番を押しのけようとする勇気はない。公的な概念ツールがあまり重要な役割を果たさない科学、あるいはその部分がぞっとさせるようなものでない科学は、それほど幸運ではない。生物学者はいまだにときとして素人の新聞記者から、出産する直前の牝牛が赤い場所に置かれれば、生まれた子牛は赤毛になると指摘される。しかし、経済学で用いられる公的なツールは、生物学で用いられるものよりもさらに見栄えがよくない。さらに――これは興味深いこととして――経済学者が形式的なツールを利用するとき、それがたとえ初歩的な微積分のような素朴なものであっても、一般の人は、物理学者が数式を用いたときのように敬意を払うのではなく、経済学者が意図的に悪意を持ってあいまいな議論をしていると即座に決めつける。そのような人はどうやら、経済学について書かれた著作はすべて、食後にソファでねそべって読めるような、特別の努力なしに理解できるものでなければならないと信じているようだ。このような事態の結果として、経済学者は、取り組む問題の真実の答えを見出す努力のほかに、ときに多量のごみを取り除くという別の作業を必要とされる。経済学者は、言わば急峻な丘を登りながら、登坂それ自体の困難のほかにヤギの群れから頻繁に落石を受けている登山家のようなものである。

経済学者の主題に特徴的な第二の点——わたしが上で述べた状況におおいに起因している点——は、経済的な議論は政治的対立においてますます大きな役割を果たすようになっているということである。党派的な政治家——以下に述べる中傷が、皆さんのお気に入りの政治家には当てはまらないようにするためにこの言葉を使う——は往々にして、最初に結論を決定し、そのあとにそれを支持するための議論を探す。このような政治家にとって経済学の議論は、真実に到達するための手段ではなく、対立する政治家を傷つけるための便利な批判の一手段である。ある財務大臣がかつて、ある年に特定の税を課し、次の年にそれを廃止することを決めた。かれは、役人を呼び集め、この第二の行動を支持する議論を提出するように言った。役人たちはかれに、前年の演説で課税案にたいする支持を得るために、かれがいま要求している議論のすべてをすでに批判しつくしてしまっていると告げた。経済にかんする議論が、このような党派的政治家に乱用されることを考えれば、経済学者はつねに、理論物理学者が党派的な神学者に利用されるのに類似した危険にさらされていると言える。わたし自身かつて、この種の面白い経験をした。経済分析を必要とするようなある法案が議論されているとき、わたしはタイムズ紙にいそいで寄稿した。当時の首相は、おそらく秘書からわたしの議論が首相の政策に好意的であるということを聞いて、演説でわたしを「偉大なケンブリッジの経済学者」とよび、わたしの宣告をすべての人の感嘆の対象であると持ち上げた。わたしの議論が首相の政策を支持しているという秘書の意見は誤っており、わたしは決まり悪く感じながらこの点を指摘せざるをえなかった。そののち、この著名な人物の次の演説では、わたしは「偉大なケンブリッジの経済学者」ではすでになくなり、「たんなる学究の理論家」になってしまった。もちろん、超然とした独立心のある研究者にとってはこの種の事態は、愉快で無害な話であろう。しかし、重要な事柄にかかわりたいという野心を抱くことは若者にとっては自然であり、特定の政党の政策に沿うように、自分の経済観を曲げる誘惑は強い。保守党経済学者や自由党経済学者、あるいは労働党経済学者であれば、形容のつかないたんなる経済学者よりも、政治の中枢に近づく可能性は高まる。しかし、研究者がそのような誘惑に屈することは学問上の犯罪である。それは、真実を体現する家系における高貴な生得の権利を、低俗な政治というスープと引き換えに売り払うことである。マーシャルの重みのある言葉をつねに思い起こすべきである。「社会科学の研究者は大衆からの賞賛を恐れるべきである。みながみなその研究者をほめたたえるとき害悪が現れる。新聞が販売数をのばすためにある意見を主張するとき、研究者はその意見の限界、欠点、誤謬を考察する必要がある。気軽な場面での議論でさえも無条件にその意見を支持してはならない。研究者が、実際に真の愛国者であると同時に、真の愛国者であるという人々の評判を得ることはほぼ不可能である」。

経済学者の研究に特徴的な第三の点がある。経済学の題材は具体的な現実の経済現象であり、工場や家庭での人々のあいだでの活発に息づくプロセスである。それにもかかわらず、経済学者の大部分は、その職業の性質上多かれ少なかれ平静な環境で働いている。したがって、経済学者にとって、研究対象との接触の方法は主として直接的なものではなく、印刷物をつうじた間接的なものである。したがって、対象の完全な理解に不可欠な現実感に欠けている。最前線の戦況には、後衛にいる参謀将校が完全には把握できない要素が存在する。後衛の将校が描く計画には、一定の硬さやぎこちなさが必然的に存在する。わたしがこの点の重要性を理解したのは、経済学の研究をつうじてではなく、あるアメリカ人の著者の登山にかんする本を読んだときであった。登山技術に多少とも通じている人であればすぐに、その本は完全に著作から得た情報で書かれた人工的な産物であると気づいたであろう。その著者は、マッターホルンを実際よりも一〇〇〇フィート高く述べるなどの事実誤認をしただけではない。本全体の感覚がおかしかった。その本の内容がまったく正しかったとしても、その著者が真剣に登山をした経験がないというのは明白であったのである。したがって、登山家にとって、その本はまったく魅力がなかった――おそらく、失笑をもよおす以外には。経済を議論する大学の経済学者はしばしば、その本の著者と同じ不利な条件のもとに立たされている。個人的な体験を経ていないので、経済学者が写実的な描写を行うことはできない。そのような写実的な描写をこころみず、細部にたいする顧慮を欠いた一般的な特徴の分析に終始すれば、経済学者の仕事はなかば完遂している。したがって――わたしはここでわたし自身が守れていない助言をする――経済学者は、若く考え方が柔軟なときに、工場や農場で人々の[illegible]

設備の仕組みを理解し、事業がどのように運営されるのか直接見る機会をのがさないようにするべきである。マーシャルは若いときに放浪の一年を経験した。マーシャルがかつてわたしに言ったところによると、もし無人島に捨て置かれたら、電子機械以外の、現在使われている大部分の重要な機械を改良していたであろうと考えていた。マーシャルは、工場を回り職人の仕事を観察した結果、数シリングの誤差で職人の賃金率を推測できるまでになった。わたしは最近『国富論』の最初の数章を読み直したのだが、それをすれば誰でも、以上のような方法が主としてアダム・スミスの方法であったと分かるであろう。一部の経済学者がするように自分の考察に集中するのではなく、マーシャルの言うような方法が、本当に偉大な経済学者が経済を学ぶ方法である。

ここからは、経済学者が取り集めるべき果実の種類について考察しよう。最近のイギリス経済学会の代表演説で、エドウィン・カナン教授――わたしは教授の著作に学部学生のとき以来ずっと感嘆を覚えてきた――は、より単純な経済学の必要性を訴えている。ばかげた法律が商業を停滞させ、政府が進歩とは何かを誤解し、補助金やノルマの設定によって技術的進歩の利益を相殺している。そのような混乱した世界において、経済学者の主要な仕事は、新しい知識を追求することよりもむしろ、専門家には当然の、しかし当局がつねに軽視している基本的な経済的真実をあらゆる状況で強調することであるとかれは主張した。そして、カナン教授は次のように結論を下した。「わたしは、とくに若い教員に、もしイングランドの大衆紙が、一ポンドが同じ時点において、ロンドンとリスボンで一ポンドの価値があり、マドリッドで一・五ポンド、パリで〇・七五ポンドの価値があると書き続けるとき、どのような将来が待っているか考えるように要求したい。たんに汚れた現実から目をそらし、こぎれいな方程式と優雅な代数に平穏と満足を見出してほしくないのである」。政治家の演説から引用することで、この主張を容易に裏づけることができる。たとえば、すこしまえに一部の人が、農務大臣に反対して、「ベーコンの輸入を数量割り当てによって排除するのは、関税によってそれを排除するのとまったく同様に消費者に影響をおよぼすが、関税では国庫に一定額が納められるのにたいして、割り当て制では外国の生産者か輸入業者に同額が納められる」と主張した。これに答えて農務大臣は、この明白な真実を認めて、それにもかかわらず「割り当て制は関税よりも、すばやく変化する状況に容易に対応できる柔軟な手段であるので、望ましい」と主張することが可能であったであろう。しかし、大臣はこれには満足しなかった。大臣は、外国の業者がイギリスの製品をより多く買うことができるようになるので、外国のベーコンにより高い価格を支払うのはこの国にとって有利であると主張した。これよりも異様な議論を思いつくことができるだろうか。わたしがスリにあうことは、そのスリがより多くのお金を得て、『失業の理論』や『厚生経済学』などのわたしの著作をより多く購入することが可能になるにもかかわらず、わたしにとってはまったく有利なことではない。また別の例がある。これはより重要な人物の言葉である。あるとき、首相は輸入関税にきわめて積極的であった。統計の考察から首相は、好景気のときには物価は一般的に高いということを発見した。そして、輸入関税は物価を高くするので、輸入関税は景気をよくすると発言した。この発言を見たとき、わたしは若くせっかちであったので、著名な人物をおろかに見せることができるということで体中に快感を感じた。わたしはこの議論に論理的なたとえをつくった。塩入れがテーブルにあるとき、コショウ入れもたいていそこにあるというのは、統計的調査による結果である。したがって、首相と同様の推論によるならば、ポケットから塩入れを取り出しテーブルにおいたときに、空気中にブーンという音が鳴り、その相棒に忠実なコショウ入れがわたしの前に現れるだろう。

しかし、経済学の知識を広める必要性を気づかせてくれるのは、このような目に余る明白な誤りだけではない。もしそうであったなら、専門の研究者は、アルファベットを教えるのは子守りの仕事であり、研究者の仕事ではないと答えるかもしれない。このばかげた誤り以外に、経済学にはなじんでいないがきわめて知的である人たちでさえおちいりがちな、広く行き渡っている影響力のある考え、無数のより微妙な誤り、生焼けの考え、部分的に真実であるため厄介な混乱や誤解がある。もっとも頻繁に被害者を出すのは、わたしが思うに、統計という餌をともなった罠である。ここは教育の場であるので、教育大臣に敬意を表そう。タイムズ紙の記事によると、去年の七月一八日に、ハリファクス卿は貴族院で、「住宅の建設にたいする大規模な刺激策を行えば、建築資材の製造業者は不当に価格を押し上げる」という主張に返答し、次のように言った。「建築の大きな拡大にはつねに費用を押し上げる効果があるとはかぎらないということを過去の事例は示している。(拍手)……一九二四年の三月に建築された家屋の総数は八万六〇〇〇であり、いっぽう一九三四年三月にはその総数は二六万六〇〇〇、すなわち以前の三倍以上であった。しかし、資材の価格は一般に一九二四年のほうが一九三四年よりもはるかに高かった。以上の統計は、家屋の建設量が増加しても、一部の人が懸念しているように、必ずしも価格の急上昇をともなうとはかぎらないことを示している」。きわめて驚くべき議論であるということに皆さんは同意するだろう。それぞれの部分的な議論は正しい。大臣の秘書は間違ったことをしていない。しかし、何かが起こったあとに価格が以前よりも必ずしも上昇しないというのは、あまりに当たり前の命題である。大臣が意図した提案——大臣が何かを意図したとすれば——は、資材の価格は、建築が拡大した場合、建築が拡大しなかった場合よりも、ほかのものが一定であれば必ずしも高くならないというものであったに違いない。これを支持するために大臣は、商務庁の導出した、一般的な卸売物価の水準がその一〇年前の三分の二以下であったということを指摘することなく、たんに一九三四年の資材価格は一九二四年より高くないということのみを指摘したのである。わたしは、大臣およびその秘書がこの事実を故意に隠したと言っているわけではまったくない。たんに、一般物価の状況が議論に関係があるとはかれらは思わなかったのである。初歩的な統計手法は、大臣が管理する教育という大きな樹の一つの——たしかに控えめではあるが、それでも一つの——枝である。

第二の例は、知らずに罠にかかった人が、強い公共心と高い知性を持った人であったため、よりわたしの議論に適している。スラム撲滅キャンペーンにかんする最近の本で、サー・アーネスト・サイモンは、一家族あたりの平均人数が減少すれば、居住可能な家屋の数は人口比においてより多くなければならないということを示そうとした。これを証明するために、一九二一年と一九三一年の国勢調査のあいだで、各都市における住宅の数と世帯数の表をならべて掲載した。その表は、一九二一年以後になされたあたらしい住宅建設は、世帯数の拡大によって完全に相殺されており、大戦のあとに存在した住宅不足はほとんど解消されていないということを示しているとかれは主張した。統計学者の視点でこの表を見れば誰であっても、この議論にはなんらかの疑わしいものがあると考えざるをえない。というのも、新しく建てられた住宅の数と家族の数の増加とのあいだの対応関係がまったく緊密すぎるからである。統計学者であれば、自然とそこに罠があるのではないかと疑うだろう。そして実際にそこには罠があるのである。国勢調査における家族——国勢調査家族——は通常の意味での家族ではない。それは、「任意の土地あるいは土地の一部を独立に占有している人たちの一集団」である。この定義から、新しい家屋の建築は定義上、それが誰かに占有されるかぎり、あたらしい国勢調査家族を生み出すということになる。そうであれば、住宅建築数と国勢調査家族の数がすべての都市でおたがいに強く相関しているのは不思議なことではない。この対応関係から、あたらしい住宅建設数と自然家族——われわれが普通に理解する意味での家族——の数の上昇との関係について、なんらの結論を得るのも不可能であるというのは明らかである。

さらにもう一つの例がある。それは、あるときわたし自身の研究会でなされた誤謬で、残念ながら、わたしが知るかぎり政治家がおちいったことのないものである。一九二一年のイングランドとウェールズにおける国勢調査では、死別も離婚もしていない七四五万人の夫がおり、いっぽう死別も離婚もしていない七五九万人の妻がおり、したがって一四万人の妻が余分に存在したことになる。可能な結論は一つである。その時点でこの国には、それぞれ二人の妻がいる一四万人の夫がいたにちがいない。あるいは、恐るべき怪物、つまり一四万と一人の妻を持った一人の夫がいたのである。一九三一年の国勢調査では、間違いなくひどい仕打ちを受けたせいであろうが、その怪物の妻のうち二万六〇〇〇人がハーレムから消え去った。この不可思議な事態を解決するのはあなた方にまかせよう。あるいは、カンタベリー大司教とヨーク大司教に誓願を行うことを、あなた方にまかせよう。もちろん、わたしはこの種の例示を永遠に続けることができるが、それは不必要である。すでに存在している経済学の知識や、経済問題にたいする専門的な批判的思考法を広く行き渡らせることは喫緊の課題であり、経済学者がこれを促進するかぎりにおいて、現実に価値ある果実をこの時代、この世代に提供することになるであろうということをだれも否定することはできない。

しかし、これのみがわたしたち経済学者の役割であろうか。われわれはたんに、すでに経済学者のあいだでよく知られている結果や方法を広めるための教育者であるべきであろうか。ともかく大学の経済学者にふさわしい仕事のうち、このような活動は小さな二次的な部分であるとわたし自身は考えている。わたしの所属するカレッジの内規には、その目的として、教育とともに、研究が明記されている。医学部が医者の資格のある人物を送り出すのとまったく同じように、大学が、いわば経済の実践家としての資格のある人物を社会に輩出するべきというのはしごく適切である。大学で得た科学的知識を実践に生かすのは、このような人たちの仕事である。しかし、すでに知られている知識を実践する人たちの背後には、新しい知識を生み出す専門研究者が存在しなければならない。医者という職業は、大学の生理学者や生物化学者による、新しい領域の開拓に依存している。知識の小売りではなく、知識の前進が主要な仕事である大学経済学者の存在には意義があると、わたしには思われる。

科学としての経済学の状態と、たとえば物理学や化学の状態を比較すれば、このような開拓的な仕事には喫緊の必要性があることをだれも疑わないであろう。わたしたちの科学は、依然として幼稚な科学である。統計的手法の改善や利用可能な統計データの増加にもかかわらず、マーシャルが五〇年まえちかくに指摘したように、その分析は依然としておもに非定量的な分析である。長期的傾向にかんする一般的特徴については、おそらく十分な理解がある。しかし、変化の過程、一つの均衡状態から別の均衡状態への移動、そのような移動のあいだの出来事の生起順序、累積的変化や、いわゆる自己拡散的変化の条件について、経済学者はきわめてわずかなことしか理解していない。

短期の経済学という分野は、まだわずかにしか耕されていないので、逓増収益をもたらす可能性が高い。また、つぎのような一般的分析にかんする論点がある。すなわち、統計的事実によって理論の骨格に適切な実証を加えるという作業がある。また、特定の産業や場所に特有の、さまざまな問題がある。実際、大学の経済学者は、いまだ多くの仕事を行う必要があるのである。

この迷路の先に進もうとするものは、わたしの助言を受ける必要はない。しかし一つ、わたしからお願いがある。それは普遍性と寛容へのお願いである。論争は間違いなく、ある点までは思考を刺激し明確にするのに役立つ。しかし論争のための論争は、とんでもない時間の無駄である。具体的に言えば、アプローチの方向性についての論争――歴史的アプローチと数学的アプローチの対立などにかんする論争――は、ずっと前にごみの山に捨てられるべきものであった。多様な方法は、本来、互いを補完するパートナーである。

祭壇（Tribal lays）を建てるのに九と六〇の方法がある。
そのうちどれもが正しい！

お互いのために大まかな一般的ルールを設定するのも、あまり都合がよくない。すぐに制約を感じ、そのようなルールを破ることになる。そう遠くない過去に、もっとも高名なわたしの同僚のひとり〔ケインズ〕が、経済学者に「大部な専門書（Treatise）を避け、日々の事柄に集中し、今現在の仕事を楽しみ、政策パンフレットを書き散らす」ように助言した。数年ののち、その経済学者は*Treatise*という表題のついた二巻本の専門書を書き、われわれ経済学者は、その著作を感謝をもって受け入れた。他者の研究を非難することで、自分の知性にたいする自信を取り戻すのは、まして都合のよいことではない。マーシャルは、古典派経済学の巨人たちに忠実すぎたとして、すなわちかれらの考えを過度に寛大に解釈し、かれらのなした積極的貢献に注意をはらい、かれらの誤謬や欠陥を見逃したとして批判されてきた。もしこの種の寛大さがそもそも欠点であるなら、それは偉大な人の欠点であり、矮小な人の欠点ではない。われわれは、あらゆる方法で過去の成果に改善を加え、それに立脚し、その基礎を強化し評価するべきである。もちろん、わたしは、経済学者が、医者がお互いを批判するのを禁じている、あの慣行を採用するべきだと言っているのではない。しかし、そのような批判はわれわれの議論や関心事のなかで、もっと小さな場所を占めてもよいのではないかと思う。

もう一つ言いたいことがある。心の奥底では、われわれは現在論争が行われている様子に満足しているのであろうか。一年か二年前、ある重要な本が出版されたとき、ある書評が、その本のなかの多くの特定の文章にたいして、詳細で注意深い批判を行った。著者の返答は、批判に対応するのではなく、批評者が数年前に書いた別の本を激しく攻撃するものであった。これは、まさしくボデイライン投球〔クリケットの投球戦術の一つ〕、まさに決闘術の極意である。このようなことは、確実に間違った行為である。一般的、抽象的な意味で間違っているというだけでなく、明確な国家理性〔国の利益になること〕にとっても間違いである。大衆は、あらゆる問題で経済学者がどうしようもないほどに対立していると信じており、主としてこの理由のため、この国の経済学者は本来有するべき影響力を欠いている。お互いぼろぼろになるまで論争を行えば、この大衆の考えを弱めることにはつながらない。しかし、実際にはこの大衆の考えは大きく誤っている。基本的な問題においては、専門の研究者のあいだでは、対立する領域よりも同意している領域のほうがはるかに大きいのである。実践的な問題で異なる意見を持つ経済学者はたいてい、同じ政治論争の側にいる、経済学を知らない論者よりも、お互いにより近い視点を持っている。現在の経済学者のあいだでの論争の様子がこの事実を隠してしまうのは、公共の利益にならない。

それは、つぎのような理由で公共の利益にはならない。ほかの科学と同様に経済学でも、真実は必ずしもつねに勤勉な研究から生まれるとはかぎらない。しかし、経済学者の研究にたいする最終的な正当化の基準が、現実における果実すなわち人間の厚生への利益であるなら、真実を見出すだけでは十分ではない。その真実が何らかの方法で、研究室から現実の社会へ運ばれなければならない。つまり、物事を実際に動かす人たちに知られ、利用されなければならない。これが瞬時に生じると、われわれは期待することはできない。実践の人は実際には、意地悪く言われるように、先行する人たちの誤りを妄信しているわけではない。しかし必然的に、そのような人の思考経路は、実践的活動で忙しくなってしまう以前の、若いときに学んだものに強く影響される。現代の複雑な社会では、思考と行動のタイムラグが大きくなってしまうのは当然である。しかし、経済学者は最善を尽くして、おぼつかない方法で不確かな目的を追求しながら、このタイムラグは無限ではない――おそらく一世代ののちに、かれが獲得したものを人類が最終的に利用する――と信じるか、あるいは少なくともそれを願っている。もし前進する科学の研究者のあいだに存在する意見の対立が、誤った強調をされて実際よりも大きく見せられるということがなければ、その保証はより大きくなるであろう。

第2章　保護貿易と労働階級

I　序　論

「現代の政治家や社会哲学者の発言から豊富に事例を引いて、統計的誤謬にかんする面白い演説を提供することができると思う。部分的にしか知られていない統計が多く、統計の選択には無限の権限と裁量があり、そして自分の主張を断固として根拠づけようとする情熱を持った論者が存在するのだから、そのような統計的誤謬の事例が多数存在するのは当然である」(1)。

ゴッシェン卿は一八八七年に統計協会の代表として、以上のように書いた。この言葉は、ゴッシェン卿が最近、論文集としてまとめた見事な著作のなかに含められている。この警告は、正当であった。「豊富な事例」は、これまで不足したことがない。過去三年のあいだ、統計学に熟達していないが熱心な聴衆にたいして、同じくらい熱心であるが、聴衆よりもほとんど統計学の熟達度においてまさっていない弁論家によって、数千の演壇から統計データが示されてきた。嘆かわしいほど明白な無知・誤報・誤用は、この関税大論争における一方の陣営にかぎられたものではなかった。一般の聴衆は、強硬な演説をこのむ傾向がある。誇張が要求（demand）されれば、その需要（demand）は供給を受けてきた。政治的指導者はどこであっても、ル・ボン氏の皮肉の正しさを証明してきた。

指導者はときには理解力があり知識もあるが、それは一般的には利益よりも害のほうが大きい。ものごとの複雑さを示すことによって、そして説明し、理解することを可能にすることによって、知性は、つねに怠惰をもたらし、使徒に必要な信念の強さや激しさを大いに鈍らせる。(2)

労働階級の境遇と関税改革との関係におけるほど、誤報の多い分野はおそらくなかったであろう。チェンバリン氏は、何度も何度もこの問題をあつかった。かれの福音は、けっしてゆるがない。かれの「数学的確実さ」はけっしてたじろがない。グラスゴウで、松明がたかれた。その知らせは、グリーノック、ニューカッスル、リバプールを駆け抜けた。「わたしはこの国の労働階級に目を覚ましてもらいたい。わたしは、かれらが不公平で不平等な競争を廃止することを要求すべきだと考える。かれらの懐から三〇〇〇万ポンドの給料を取り去り、それをかれらの競争相手の懐に移動させた、不当な競争を廃止することをかれらは要求するべきだ」[3]。関税改革の横断幕には、「帝国全体を考えよう」（"Think Imperially"）という言葉のそばの目立つ場所に、「労働者に支援を」という言葉が書き込まれている[4]。戦略的には、これは素晴らしい方法である。デイリーメール紙は、貧しいファルスタッフの郎党もかなわないような、大家族の窮状を繰り返し報じている。誇張が問題視されることはない[5]。害悪の過大な描写は、過少な描写よりも容易に許される。チェンバリン氏が統計によって示す、悪夢のような現状にたいして、不運にも反対陣営は、繁栄への賛辞を提起した。このため、関税改革論者は、素朴な共感という大きな人間的な力を、かれらの味方に引き入れた。レトリックの点において、これ以上よいスローガンは存在しないであろう。

見かけ上かれらの主張は、議論という観点からも悪いものではない。それは、歯切れがよく、簡潔である。チェンバリン氏の考えでは、現在の状況において、労働者は二重の苦しみを受けている。労働者は、「あの保護された国々に、わずかな製造品しか輸出しないときに、損をし、またそれらの国々がイギリスに多くの製造品を輸出するときにも、損をする」[6]。解決策として、まず植民地にたいして特恵関税を実現することで、海外市場を広げ、そして競合する輸入品に税を課すことによって、国内市場を広げることが提案されている。

これら二つの主張のうち第一のものは、わたしはここで考察するつもりはない。イギリス製の製造品が海外市場を獲得することは、この国全体として、労働階級のみならずほかの階級の人々にとっても利益をもたらすという一般的な主張を、否定するものはいない。対立が生じるのは、このようにして得られた利益が、チェンバリン氏の提案に含まれる必要な犠牲よりも、大きなものになると主張されるときである。その計画では、外国からの輸入食料品にたいして、差別的に税を課すことによって、植民地に特恵関税を受け入れさせることができ、そして「威嚇」(big revolver) 手段によって、外国の関税の削減を認めさせることができる。経済的に唯一重要な論点は、これが割に合うかどうかである。以上のように関税交渉がうまくいくかどうかという問いを、わたしは議論することはできない。しかし、通商協約に好意的な、サー・ルイ・マレ (Sir Louis Mallet) の説得力のある議論は、チェンバリン氏の計画と対立しているということを指摘することはできる。元植民地長官のチェンバリン氏にとって、威嚇は全般的関税をつうじてなされる必要がある。チェンバリン氏は、ブリストルでの演説のなかで次のように言った。「より注意を払って見れば見るほど、このことははっきりとするだろう。全般的関税以外に報復手段はありえない」(7)。他方で、サー・ルイ・マレにとっては、関税交渉というのは、ワインやタバコへの純粋な収入関税を、わずかに操作しながら、友好的な代表者による話し合いによって実行されるものである(8)。

関税改革における第二の論点——輸入製造品にたいする保護貿易は、イギリス労働者の境遇を改善する――は、それ自体においても、有権者に強い印象を与える手段としても、きわめて重要である。以下の議論の目的は、この主張に厳密な考察を加えることである。この主張を支えるために提示される議論は、統計と経済理論の二種類がある。われわれはこの二つの観点から、労働者の境遇にたいする保護貿易の影響を考察する。

Ⅱ　統計からの議論

もし十分なデータが存在するなら、統計的議論を用いる方法は二つある。第一に、多数の自由貿易国および多数の保護貿易国について、ある一時点における労働階級の状態を示す統計を集めることである。国の数が十分多く、各国で採用されている税制がその国の産業状態の結果として採用されているのではなく、そしてその政策があらゆる状況で同様に機能すると想定することができるなら、統計の比較は差分法の応用であり、それによって自由貿易と保護貿易のどちらが、経済的により有利であるかを帰納的に示すことができるであろう。第二に、同様の議論にもとづいて、自由貿易と保護貿易のどちらにおいて、より急速に繁栄状態が拡大しているかを示すために、労働階級の境遇の変化を示す一定の期間の統計が多くの国について集めることができるかもしれない。

しかし、これらのどちらの方法を用いるためにも、十分なデータが存在しないと即座に答えなければならない。なぜなら、保護貿易国と自由貿易国のどちらも、その方法の適用を可能にするのに十分に多くはないからである。統計が得られる少数の国においても、さまざまな細かな条件が異なるので、労働階級の現在の境遇や、これまでのかれらの境遇の変化は、どのような税制が採用されているかにかかわらず、大きく異なるであろう。素朴に数字の違いをそのまま政策の違いに帰着させるのは、無知であり愚かである。

この結論は明白であると思われるので、通常の論争において、この議論をこれ以上さきに進める必要はないであろう。しかし現在の論争において、関税改革派はドイツの事例にかなりの焦点を当てており、その国の状況への言及は、完全には無視できない。これはイングランドとドイツの二国の現状および最近の進歩の速さの比較にかんするものである。

帝国関税委員会（Imperial Tariff Committee）（代表はチェンバリン氏）の第八八号冊子のなかに、二国の絶対比較にもとづいた議論が展開されている。「一九〇三年において、人口一万人当たりの国外移住者数は、イングランドでは三五人、ドイツでは六人である。同年の労働組合内の失業率は、イングランドで五・三パーセント、ドイツで二・三パーセントである。人口一人当たりの貯蓄銀行における残高は、イングランドでは四ポンド六シリングで、ドイツでは七ポンド一七シリングである」。ここで示唆されているのは、ドイツの保護貿易政策が、イングランドの自由貿易政策よりも労働者にとって有利であるということである。

この推論は、たしかにとても説得力があるように見える。しかしながら、統計は、意図しない操作をともなってしまう可能性があるので、慎重な議論を行うためには、これらの数字をその出所にまでさかのぼって吟味する必要がある。幸運にも、この作業は容易である。一九〇四年に、商務庁（the Board of Trade）は、「イギリスおよび外国貿易および産業」と題された重要な青書（Cd 二三三七号）を発表した。この青書は、上記の冊子で触れられたすべての論点をあつかっており、その著者によっても情報源として挙げられている。この情報源と、冊子著者の解釈を経たあとの議論を、以下で比較する。

同冊子に引用された国外移住者の統計は、もっとも正当化の余地がある。しかし、つぎのような指摘もできる。①青書の「イギリス（United Kingdom）」にたいして、同冊子では「イングランド」に置き換えられている。②青書は、この国の一九〇三年の国外移住者率（一万人当たり三五人）がその前年よりも一〇人以上多く、一八九四年以降のどの年よりも一五人以上多いことを示している。③青書は、この数値の最近の上昇のうち、かなりの部分がわれわれの帝国の遠く離れた場所への移住によるものであること、そして一九〇三年において、三五人の移住者のうち一九人の移住先がイギリス帝国内であることを示しているが、この事実は冊子では言及されていない。④青書では以下のような文章があるが、同冊子では触れられていない。すなわち、「国際比較を実施するのはけっして容易なことではない。というのも、海外移住にかんする統計の作成方法が、国々でまったく同一ではないからである」(9)。

同冊子における第二の数値は、貯蓄銀行にかんするものである。ここでは、より深刻な虚偽がある。「主要な国々における貯蓄銀行預金」と題された青書の節の一頁目には、つぎのような文章がある。

貯蓄銀行、協同組合、友愛組合やその他の同様の組織の統計を比較することによって、異なる国々での労働階級の貯蓄を比較することは可能であるかもしれない。しかし、そのような比較は通常、つぎのような理由で不十分である。

1　労働者が貯蓄を預けるすべての組織や団体における預金総額を比較するためのデータがない。

2　そのようなデータが存在したとしても、それぞれの国にたいして、預金総額のうちどの割合が労働階級以外の階級の貯蓄を表しているかを知ることができない。

3　単一の組織、たとえば貯蓄銀行にのみ比較を限定したとしても、たとえば預金の上限や利子率などの、預金の条件が国によって異なり、また貯蓄銀行が、ほかの倹約手段やほかの貯蓄団体との競争にさらされている度合いが国によって大いに異なるので、そのような比較は有効ではない。

以上のように、労働階級やほかの階級の貯蓄にとっての、貯蓄銀行のサービスの相対的な魅力は、国によって異なる可能性が高く、そのため、これらの銀行の預金総額がどの程度労働階級の貯蓄の全体を表しているかにかんして、あるいは労働階級以外から生じている預金の比率にかんして、国家間での均一性は存在しないであろう(10)。

引用されている第三の統計は失業である。ここにおいても同冊子は誤りを犯している。「外国の失業統計」にかんする青書の節は、つぎのような文章で始まる。「任意の時点で雇用水準にかんして、イギリスと比較するのを可能にするような方法で、失業統計がとられている国は存在しない」。保護貿易国であるフランスの一九〇三年の失業率が、一〇・一パーセントであることによって、同冊子の問題は明確になる。この統計は、少なくともドイツのものと同じ程度には適切に比較可能であるはずだが、言及はなされていない。これ以上、議論する必要はない。

「可能であるなら、正当に生計を立てなさい。そうでないのなら、どのようにでも」。

"Rem facias; rem, Si possis, recte; Si non, quocumque modo rem!"

同冊子で言及されている明確な統計値にかんしては以上である。このほかに、あまり明確ではない統計を用いた議論が存在する。「全体としての生計費は、イングランドよりもドイツのほうが高いというわけではない。バター、豚肉、卵、牛乳、ジャガイモやその他の野菜、ビール、醸造酒、そしてタバコは、すべてドイツのほうが安価である」。つぎのような指摘ができる。①青書において、これらの統計が議論されている節には、つぎのような文章がある。

「異なる国での商品の絶対価格の比較は、比較対象の商品の品質がおおよそ同じであることが確かであったとしても、そのような価格の変化率の比較よりも、はるかに困難である。異なる国においてもっともよく消費される主要商品が品質において同一ではないということを考えれば、このような比較はまったく不可能であるか、誤解をまねく結果を生じるであろう。以下の統計値は、以上のような留保条件のもとで提供される(11)」。

同冊子では、この注意は言及されていない。②青書では、小麦粉および砂糖という重要品目にかんして相対的な統計が述べられているが、このどちらの品目も、イングランドよりも、ドイツのほうがはっきりとより高価である。これらの商品は、同冊子では言及されていない。③青書が統計を与えているすべての食料品に、均一に重みをつけて幾何平均をとると、イングランドの物価は、ドイツよりも六パーセント、米および砂糖をのぞくと一七パーセント高い。そのいっぽうで、ドイツにおける名目での平均工業賃金は、イギリスの三分の二であるというのが、「現在の不完全なデータから得られるもっともたしからしい結果である」と述べられている。[12] もしこの結論（同冊子では述べられていない）を、上記の物価統計と組み合わせれば、この国の実質的な工業賃金水準はドイツを、四分の一か五分の一程度上回っていることになるであろう。しかし、イングランドとドイツの現在の状況の比較にもとづく議論は、そもそもそれが正当な議論であると認められるとするなら、関税改革派が見せかけようとしているようには機能しないであろう。

イングランドとドイツにおける過去の変化の比較にもとづく議論が、頻繁にチェンバリン氏の演説に出てくる。チェンバリン氏は、ブリストルで次のように言っている。

　これを一つの例として考えてみてほしい。ドイツでは、……賃金がこの国よりも大きな比率で拡大した。国外移住は大きく減少した。イングランドでは、同じような比率では減少していない。それどころかまったく減少していない。貯蓄は、はるかに高い比率で増加した。生計費は、この国と同じぐらいドイツでも、減少した。[13]

国外移住率が、ドイツにおいてより急速に下落したというのは真実である。一八九四年までは、この二国の曲線は同様に推移していたが、それ以降、ドイツの曲線がイングランドの曲線のかなり下方に位置するようになった。商務庁の調査では[14]、この変化にたいして、さまざまな理由が提起されている。しかし、その詳細にたち入る必要はない。というのも、その変化の起こるすぐ以前に、一八九〇年代初頭のカプリヴィ条約による、ドイツの保護関税の相当な下落があったということを指摘することで十分であるからである。保護貿易が、以前よりも厳格ではなくなったときに始まった改善傾向が、保護関税の結果であると主張することはできない。

ドイツ国民の貯蓄が、より急速に拡大したということに根拠はない。たしかに人口の一人当たり貯蓄銀行の預金は、一八八〇年から一八九〇年までの期間において、イングランドで三〇パーセント上昇したのにたいして、ドイツではおよそ八六パーセント上昇した。しかし、一八九〇年から一九〇〇年までの期間では、上昇率は二国において、ほぼ同じである[15]。さらに、すでに見たように、貯蓄銀行の預金にかんする統計から、貯蓄全般を推測するのは危険である。というのも、貯蓄の大部分は、比較可能な統計が存在しないその他の組織や団体に投資されているからである。

賃金がドイツにおいてより大きな比率で上昇し、さらに生計費がどちらの国においても減少したというのは、事実を不正確に伝えている。二つの主張は、ともに文字どおりにおいては真実である。しかし、この二つの統計が導く結論、すなわち実質賃金が、この国でより大きく上昇したという結論は言及されていない。上記とは別の青書（Cd 一七六一号）によれば、比較可能な統計が存在する

表2-1　名目の工業賃金の変化

	イギリス	ドイツ
1886～1890	100	100
1891～1895	105.5	105
1896～1900	110.3	113.9

表2-2　実質の工業賃金の変化

	イギリス	ドイツ
1886～1890	100	100
1891～1895	109.6	100.8
1896～1900	119.9	113.9

最初の年である一八八六年以降、名目の工業賃金はつぎのように変化した(両国とも一八八六～九〇年の賃金を一〇〇とする)。

表2-1は名目賃金のみを考慮している。表2-2は、物価の変化を考慮し、貨幣単位ではなく、貨幣が購入できる商品を単位にした賃金の変動を示している。表2-1と、第一の財政青書にある「ドイツとイギリスにおける、労働者一家計にたいする食料品小売価格の平均水準の変化」と題された表Pを組み合わせて、それを行った[16]。

表2-1の統計が依拠した第二の青書は、最近の期間にまで触れていない。したがって、上記のどちらの表も、一九〇〇年以降に拡大することはできない。労働者に消費される他の項目にたいする統計が存在しないため、表2-2は食料品価格のみにかんする修正値であることは指摘しておくべきである。これらの不完全なデータによって得られる結論は、以下のようなものになる。すなわち、名目賃金の統計は、イングランドとドイツにおける、実質賃金の相対的変化を見えなくしてしまっていること、そしてこの国の労働者は大陸の隣人よりも速く発展しているということである。現状の比較と同様に、過去の発展の比較においても、わたしは積極的な議論を提示しない。

現在のわれわれの知識では、この問題にたいして信頼に足る統計的議論を行うことは不可能である。氷の上で行われるレスリングの試合は不毛であり、どちらが強いかを示すことはできない[17]。わたしがこの条件で挑戦を受けたのは、相手を満足させるためである。

Ⅲ　大衆の経済理論

ここまでは統計的な側面をあつかったが、ここからは関税問題にかんする経済理論を議論する。上述のチェンバリン氏の演説からの引用は、かれが依拠する議論の傾向を示している。労働階級は、「それらの国々が、イングランドに多くの製造品を輸出するときにも、損をする」。なぜなら、このときには、イングランドで行われていたはずの仕事が海外へ持ち去られ、多数の労働者を雇用することのできる産業が、縮小あるいは破壊されるからである。この推論は、それ自体においても説得力があるが、チェンバリン氏が演説を行った町における、国際競争で苦しむ地元産業の状況によってよりいっそう説得力が強化される。このような状況の下では、多くの同情的な人たちが、自由貿易を失業の主要な原因とみなし、保護貿易を確実な治療法と考えるのも無理はない。

しかし、以上の議論には論理の欠落がある。イギリスのどの産業であっても国際競争にさらされれば、その産業の規模は縮小し、したがってそこで支払われる賃金総額は減少する傾向がある。たしかにこれには、議論の余地はない。産業の保護は、ほかのものが同じにとどまるかぎり、その産業を拡大させ、その産業での賃金支払いを増加させるというのも同様に明白である。鉄鋼の輸入に関税をかければ、ほかのものが一定であれば、イングランドの鉄鋼生産により多くの貨幣が投じられるようになる。これは、誰も疑いようのない主要な「データ」である。自由貿易派の主張は、鉄鋼業の保護が鉄鋼メーカーの利益にならないということではなく、ほかの産業の労働者の損になる以上には、鉄鋼メーカーの利益にならないということである。特定の産業にたいする直接の好影響は、容易に観察して理解することができる。一つの箇所に集中されており、実際に観察可能である。その一方で、間接の悪影響は、多くの産業に拡散され、それゆえ目に見えにくい。これは、大きな貯水池と小さな貯水池のあいだに、水路が開かれるようなものである。大きな貯水池の水量は、小さな貯水池の水量の増加量よりも、水路の分だけ多く減少する。しかし、後者では変化が明らかであるのにたいして、前者ではほとんど気づかないほどにしか変化しない。

この自由貿易側の主張の意義をどのように考えたとしても、保護貿易による直接の利益にかんする主張のみから、正しい答えが得られないことは少なくとも明らかである。これらの影響が存在することが認められるなら、自由貿易派の主張は、間接の影響が直接の影響を上回るということである。直接の影響が存在すると繰り返すことによってこの議論に答えるのは、「論点相違」の誤りである。それゆえ、保護貿易が国全体を豊かにするという結論がたとえ正しかったとしても、保護貿易派の議論によってその結論を証明することはできない。一般に用いられている経済理論にかんする論点は、上記の統計にかんする論点と同様に、その目的を果たしていない。

Ⅳ　この問題にアプローチするための正しい方法

ここまでの議論は、純粋に批判的なものであった。その目的は、より積極的な議論のために地ならしをすることであった。以下では、双方の側の理性的な論者が同意する、国際貿易の本質にかんする根本的な分析を、論拠を示さないで前提にする。わたしは、国際貿易の利点が、貨幣流入の残高にあるという考えを批判しない。また、セドン氏の毎年一・六億の金貨輸出にたいして統計的な批判を加えるつもりはない。わたしは、外国貿易はこの国の財とサービスと、他のすべての国の財とサービスとの交換であるということを当然のことと考える。実際、チェンバレン氏の支持者のなかで、もっとも理性的な論者であるアシュレー教授のつぎの意見にわたしは賛同する。すなわち、「適切に説明され、制限を加えられるなら、長期的には輸出と輸入は均衡するというのは、議論の余地がないほど明白な常識である(18)」。

自由貿易論者は、この常識を用いて、保護貿易が労働階級の利益になるという主張をすぐに無効にできると考える傾向がある。かれらは、関税は最終的に輸入と輸出を等しく減少させるので、輸出産業の労働者は、保護された産業の労働者の利益と同じ大きさの損失をこうむると主張する。この議論はたしかに、表面上の誤りにたいしては有効である。しかし、この議論自体も、表面的な議論である。自由貿易論者は、これを十分に認識する必要がある。というのも、そうしなければ困難におちいるからである。実際に自由貿易論者は、紅茶のような非競合的商品にたいする関税を廃止し、輸入製造品に新たに関税を課すという提案を受け入れざるを得なくなるであろう。この政策は、たしかに製造品の輸入を減少させるが、紅茶の輸入が同時に増加するので、輸入総額は、製造品輸入の下落よりも小さい程度でしか減少しないであろう。実際のところ、まったく減少しないかもしれない。しかし、輸出は輸入総額におうじてしか減少しない。したがって、この変化の総体的な結果は、保護された産業での労働の活動領域の拡大と、輸出産業での労働の活動領域の、比較的小さい減少、あるいはまったくの無変化のどちらかになるであろう。この結論は、明白で単純である。関税改革論者が、一般的な自由貿易の主張のなかに、このような議論が示唆されていると理解したことはなかった。かれらの論敵が、本当はかれらの主張を助ける議論を世間に宣伝して回っているにもかかわらず、この武器はまったく使われないまま放っておかれている。本当に、この関税論争は混沌としている。

実際には、労働者にたいする保護貿易の影響にかんして、輸入と輸出が均衡するという事実から直接に議論を導くことはできない。そのような議論を試みるためには、労働サービスを購入するための明確な基金が存在し、かつ、その基金は一定であると想定しなければならない。この想定にもとづかないかぎり、輸入製造品と輸出がひとしく減少するとき労働者が何ら影響を受けないとか、あるいは前者が減少するとき労働者の状況がかならず改善すると言うことができる。しかし、この想定自体は誤りである。労働サービスを含むさまざまな生産要素の働きに報いる基金は、それ自体はそれらの働きの結果の総体である。それゆえ、外国貿易やほかの要因をつうじて、その生産要素が直接的あるいは間接的に、より生産的になれば、その基金自体が変化する。現在において一般的な学説は、マーシャル教授の『経済学の原理』において示されている。その偉大な本のドイツ語版には、この論文の表題となっている表現がある。

すべての生産品の総計は、それ自体これらの生産品すべてにたいする需要価格、それゆえその生産品をつくるのに用いられた生産主体にたいする需要価格の真実の源泉である。別の言い方をすれば、この国民的分配分は一国のすべての生産主体が生み出した生産物の総計であり、同時に生産主体にたいする報酬の唯一の源泉である。国民的分配分は、労働者の所得、資本の利子、そして最後に生産者余剰、すなわち土地やほかの差別化された生産能力にたいするレントとして分配される。国民的分配分は、各生産主体の生産活動の全体を表しており、そのすべてが各生産主体に分配される。(19)

この一般的な原理から、労働者にたいする保護貿易の影響を評価するための正しい手法を、容易に導き出すことができる。第一の段階は、国民分配分の総量にたいする、保護貿易の影響を調べることである。一般的には、国民分配分を拡大する政策はどのようなものでも、その国のすべての生産主体にとって有利であり、反対に、それを減少させるものは不利であると思われる。たとえば、工業における発明の最終的な影響は、おそらくすべての階級にとって良いものであろうし、費用のかかる戦争は、すべての階級にとって悪いものであろう[20]。第二の段階は、分配分のさまざまな主体のあいだでの分配にたいして、保護貿易がどのような影響を与えるかを考察することである。というのも、全体の分配分の上昇があったときに、それにともなって、一部の主体へのシェアが、たんに相対的にのみならず、絶対的にも以前より減少する場合がありうるからである。最後の第三の段階は、保護貿易が、労働者の所得を時間を通じて、より安定させるか、それともより不安定にするかという問題を論じることである。所得が不安定になれば、労働者の人格や士気に悪い影響をおよぼすかもしれない。たとえば、保護貿易が雇用の不安定さを減少させたり、労働環境の悪い産業で雇われる人の割合を減らしたりするなら、それによる労働者の境遇の改善は、たとえかれらの所得の多少の減少をともなったとしても、それを上回る利益とみなすことができるかもしれない。

V　最近の実際の状況

以上のように示された考察の方向性は、主として分析的な方法で実行することができる。過去の状況からの直接的な議論はいつも、「生起順序と因果の取り違え（post hoc, ergo propter hoc）」の誤謬におちいっているという非難を喚起し、実際にも、そのような議論はしばしばその誤りにおちいっている。しかし、一般的に誤解が存在するので、一定の事実を確かめるのがよいであろう。

第一――過去四〇年間において、完成製造品の輸入はきわめて大きく上昇した一方、労働階級の全般的状況にきわめて大きな改善があった。一方では、完成製造品は、一八六〇～六四年の平均三一〇〇万から一九〇〇～〇三年の一億三一〇〇万に上昇し、他方では、サウアベック卸売物価指数は三〇パーセント近く下落したにもかかわらず、A・L・ボウレー氏の推計によれば、総賃金は約三億ポンドから七億ポンドに上昇した。[21] この期間の人口の増加は二三パーセントである。

第二――労働組合によって報告された失業労働者率の平均は、およそ一定であった。それは、製造品輸入の大きな上昇にともなって増加したわけでもなく、賃金の大きな上昇にともなって下落したわけでもない。

第三――賃金率、救貧民、失業組合員比率の変動は、前二者が後者に一年遅れるものの、緊密に

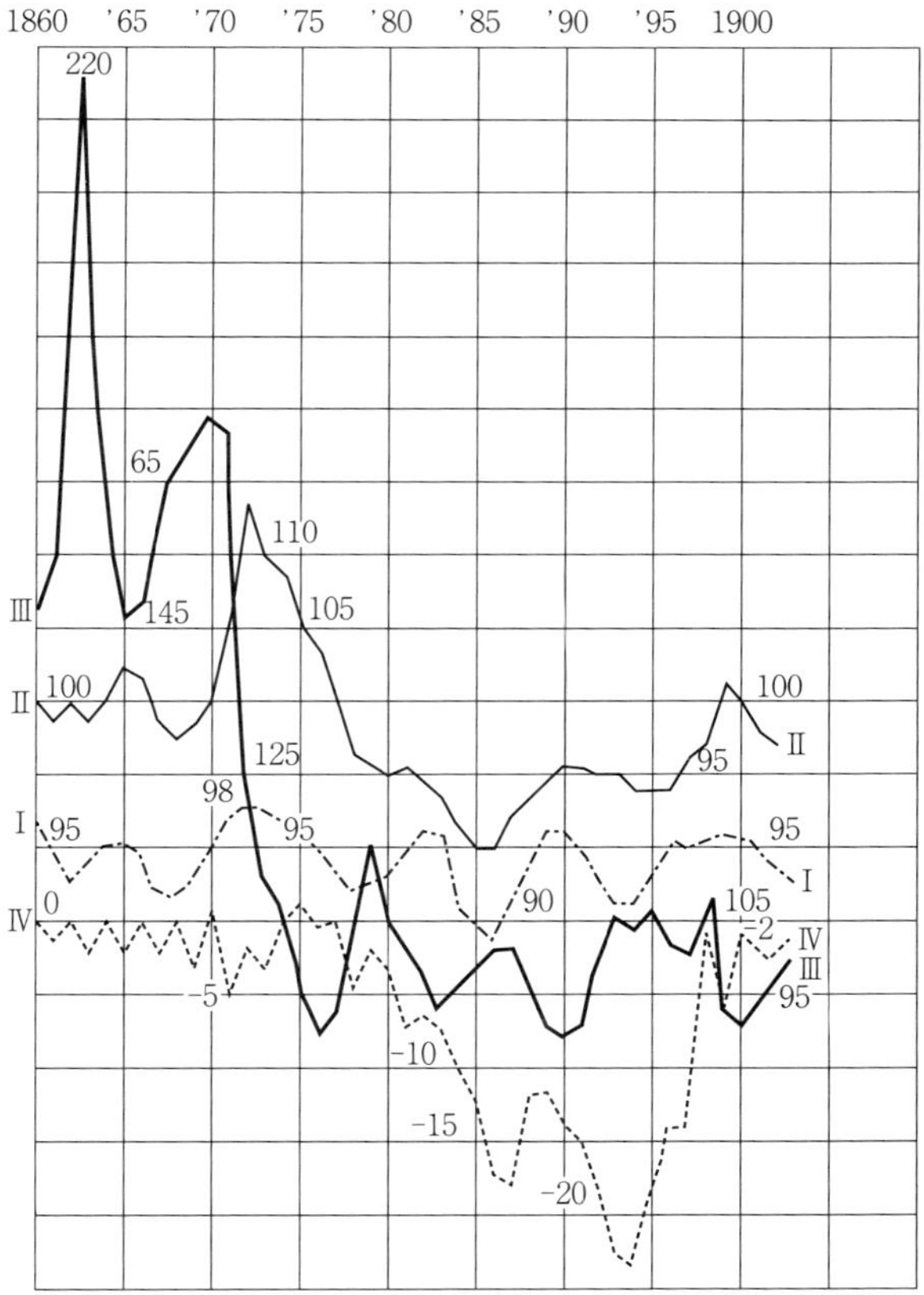

図 **2** - **1**

Ⅰ．すべての利用可能な労働組合において失業中として報告された成員の修正済みパーセンテージ

Ⅱ．イギリスにおける名目賃金の一般的傾向からの乖離の指数

Ⅲ．イングランドとウェールズの健常者成人救貧民の平均（千人）

Ⅳ．輸入完成品および輸入部分完成品の傾向からの乖離の指数

(注)　曲線ⅠとⅣにおいて，曲線上の任意の年の点は，その年の数値を表し，曲線ⅡとⅢにおいては，その年の翌年の数値を表す。

相関している。この関係は図２－１で示される。

賃金の曲線は、Ａ・Ｌ・ボウレー氏がエコノミック・ジャーナル誌に公表した指数にもとづいている。[22] この指数は、その前年に刊行された商務庁青書のものとは異なっているが、同様に変動しており、その青書の統計よりも上昇傾向が顕著である。この相違の原因は、ボウレー氏の統計値は職種間の相対的な重要性の変化を考慮しているのにたいして、商務庁はそれを考慮していないということにある。この種の考慮はたしかに必要であり、したがってボウレー氏の表のほうが優れている。

雇用の曲線は、ボウレー氏の統計ではなく、上記の二番目の財政青書（一九〇四年一二月）にもとづいている。この青書にある商務庁作成の表では、ボウレー氏が同年初頭には利用できなかった情報源が反映されている。[23] この曲線は、一八六〇～一九〇三年の各月末における労働組合員の雇用率を表している。

救貧民の曲線は、商務庁による、イングランドおよびウェールズにおける浮浪者をのぞく健常成人救貧民の統計にもとづいている。[24]

以上の曲線は、以下のようにして導出された。雇用と救貧民の曲線は、青書の表から直接転載した。それらは単純に、一八六〇年以降の、労働組合員の雇用率と、いくつかの連合教区における健常救貧民の絶対数を示している。賃金の曲線では、より複雑な導出法を用いた。ボウレー氏の賃金指数の表は、強い上昇傾向がある。もしこの統計を直接利用すれば、長期的傾向が強いため、そこからの乖離が見えなくなってしまう。しかし、われわれの関心は、一般的傾向ではなく、そこからの乖離にある。その乖離が適切に現れるように、曲線を水平に傾けた。正確な調整には、多大な数学的労力が必要であるであろう。したがって、わたしはつぎのような単純な方法を用いた。ボウレー氏の賃金表において、一九〇一年を一〇〇としてそれ以前の年において、一年さかのぼるごとに一ずつ下落するような一般的傾向を想定した。この図の曲線は、各年のボウレー氏の実際の指数に、以上のように想定した、各年の長期的傾向の数値と一〇〇との差を加えることによって導くことができる。

以上のように作成された曲線のうち、雇用の曲線は一八六〇年の箇所に一八六〇年の統計値を表し、賃金および救貧民の曲線は一八六〇年の箇所に一八六一年の値を表している。以下、同様に一年ずれる。

このようにして得られる図を見ると、第一に、賃金率と雇用の変動のあいだに、強い正の相関が見られる。ほぼすべての期間で、いっぽうの上方あるいは下方への変動は、他方の同様の変動をともなっている。同様に、この曲線のどちらも救貧民の曲線と、負の相関を持っている（すなわち、反対の方向に変動している）(25)。

第四――賃金率および労働組合の失業統計の変動は、輸入製造品の変動と正の相関を有していない。また救貧民の変動は、後者と負の相関を有していない。むしろ反対の方向への相関があるように見える。

この点は、図において明らかである。賃金、雇用、および救貧民の曲線の下に、第四の曲線、すなわち完成および準完成製造品の輸入額の、長期的傾向からの乖離の指数を載せている。この曲線は、二三三七号青書[26]のなかの表にもとづいており、賃金曲線で採用されたのと同様の方法で作成されている。すなわちこの曲線は、一八六〇年に二六〇〇万で始まり、のち一年ごとにその一〇分の一ずつ増加する長期的傾向と、実際の輸入とのあいだの差異を示している。曲線を傾けるためにこの方法を採用した理由は、賃金の曲線と同様に、傾向自体によって傾向からの乖離が見えないようになるのを防ぐためである。この曲線を、ほかの三つの曲線とくらべると、賃金および雇用の曲線とは、反対の方向に変動したり、救貧民の曲線とは同じ方向に変動したりするような一般的傾向は確認できない。一八七一年前後に、そのような傾向が多少見受けられる期間があるが、ここでの変動は、普仏戦争によって容易に説明できる。これだけではない。同戦争以降では、曲線Ⅳは、曲線Ⅰおよび曲線Ⅱと、必ずしも強くはないが、確かな正の相関があり、曲線Ⅲとは負の相関がある。一八八一年以降の期間では、それはとくに顕著である。一八八七年に底を迎えた輸入製造品の相対的な減少は、雇用および賃金の同様の減少をともなった。その後の改善は、三つの曲線すべてにおいて顕著である。九〇年代初頭の下落も、同様に明らかである。その後の回復期にかんしても、同様のことが言える。これらの曲線は、ボーア戦争勃発まで同じ動きをしつづける。以上のすべての期間をつうじて、救貧民の曲線は輸入額の曲線と反対の方向に変動している。

最後に、製造品輸入の大きな上昇は、労働組合の失業率の変動を拡大させていない。図の雇用曲線を見ると、それは明らかである。中間の期間においては、初期の期間よりも、その曲線は不安定であるように見えるが、よりのちの期間において初期の形状に戻った[27]。

以上の点は単純な事実として提示した。以上の議論は一般の誤解をあらためることには役立つであろうが、自由貿易の利点を証明することには役立たない。

Ⅵ　保護貿易と国民分配分の大きさ

第Ⅳ節の終わりに分類した、主要な議論の三つの段階に移ろう。この三つの段階のうち第一は、すでに本誌一九〇四年一〇月号〔ピグーは、エジンバラ・レビュー誌一九〇四年一〇月号にも、関税問題にかんして寄稿しており、これは以前の自分の論文を指している〕の「チェンバリン氏の提案」で詳細に検討した。この議論の概要は以下のようなものであった。

一般的に言って、同じ国の人々同士であろうと、あるいは異なる国の人々のあいだであろうと、あらゆる取引は双方にとって利益がある。というのも、利益が見込めなければ、取引は生じないからである。したがって、取引に障害を課すことは一般に有害である。間接的に取引によって財を獲得する手段から、直接的に財を製造する手段への転換を迫られることで、双方の生産的資源がより小さな収穫しかもたらさなくなる。これが、国民分配分を最大化する手段として自由貿易を主張する際の一般的根拠である。

しかし、上記の推論は二つの点において不完全であると、本誌の以前の記事は示した。第一に、類似の主張を展開する「学派」に属するハミルトンおよびリストによって示されたように、より遠い将来の影響が考慮されていない。取引相手同士が直接的に損失をこうむることで、保護貿易が国民所得に短期的な悪影響をもたらすと認めたとしても、全体として悪影響があることには必ずしもならない。むしろ反対に、「生産力」の発展を促進することによって、あるいはその萎縮を止めることによって、保護貿易は、直近の損失を相殺する以上の最終的利益をもたらすかもしれない。要するに、国家は個人と同様に、その歴史のある段階においては、教育や保険のために現在の富を犠牲にすることが望ましい場合がある。

第二に、上記の一般的根拠は、短期的な影響にかんしても不完全である。保護関税は穏やかなものであれば、たんに貿易の障害であるだけではない。それは、一定の税収をもたらし、ある場合には、外国人にその税収のかなりの部分を負担させることができる。ある一国の観点から見て、資本や労働を自然の経路から乖離させることにともなう損失が、その国の税の負担の一部を外国人に転嫁することによる利点を上回るという、絶対的な一般的証拠は存在しない(28)。したがって、偶然に保護的である税が、最初の数年間だけではなく、ときには永久に、国民所得の上昇をもたらすという主張をすることは、けっして無理なことではない。

これらの考慮から、一般的な議論では、保護関税の主張を論駁するのに十分ではないと言える。最終的判断をするまえに、関税の特徴や、とりわけ関税を導入するかどうかを議論している国の産業の状態を、厳密に考察する必要がある。上記の一九〇四年一〇月の記事では、そのような考察を試みた。そこでは、この国には自由な企業活動や高度に発展した産業が存在するので、「生産力」にかんするリストの議論は、ほとんど意義を持たないと指摘した。リストの議論によって、外国のトラストやカルテルが意図的に破壊的ダンピングを仕掛けてきた際の対抗策として、保護関税を擁護することはできるかもしれない。しかし、第一に、この種のダンピングが現在イギリスに仕掛けられているという証拠はなく、第二に、そのようなダンピングに対処するのに必要な税は、チェンバリン氏やかれの調査委員会が提案している穏やかな全般的関税とはまったく異なる種類のものである。保護関税の税収面にかんしては、関税の対象となる商品を注意深く選ぶことによって、わずかな利益が得られるかもしれない。しかし他方で、現在提案されているような多数の関税が、外国人に税を課す目的ではなく、国内産業を保護するというまったく異なる目的で導入されるなら、関税の立案においてほとんど考慮されていない利益が最終的に得られると期待することには無理がある。産業の保護にかんしてもっとも効果的な税は、税収という目的にとって、もっとも効果的な品目や税率と同じではないであろう。国内産業がより完全に保護されるようになれば、外国製品の輸入は小さくなるので、それによって外国人への課税も少なくなるだろう。以上の点を考慮するなら、イングランドの現在の状況においては、素朴な自由貿易論に上記のような制限条項を課す必要はない。ある想像上の状況においては、全般的関税は国民所得を増加させるであろうが、この国の現状においてはほぼ確実に国民所得を減少させる。

さらに、この否定的な結果にくわえて、民主的な国において関税を操作する際に生じる現実的な困難が存在する。利益団体が組織的に圧力を行使することによって、政府介入が必要な状況を特定する知的努力は、現実には無意味なものとなりやすい。もし産業保護の要素が関税にいったん適用されれば、すでに関税対象となっている品目にたいする税率の引き上げ、あるいは関連する産業における新規の関税の導入という形で、その関税を拡張する要求が強硬になされるであろう(29)。「政府が一方の権益に有利な介入をすれば、ほかの権益は同様の国家介入を要求するであろう。そのような危険は、十分に現実的なものである。実際に導入されてしまった関税を廃止するのは明らかに非常に困難であるので、関税の適用範囲が拡大するという危険性はとても強い(30)」。外国の過去の事例、とくにアメリカの事例は、強くこの見解を支持している(31)。現在の関税論争の初期の段階でよく指摘されたことであったが、「関税は、一度根づいてしまうと、最初に認められていた制限をこえて拡大し、取り除くことはきわめて困難になる(32)」。この種の現実的な考慮は、現在のイングランドにおいて、全般的関税を導入すれば国民所得はほぼ確実に減少するという自由貿易派の主張に有利である。

Ⅶ　保護貿易と国民分配分の分配

第二の段階に移る。国民所得の減少が、すべての生産要素に損失をもたらすというのは、一般的にはありうることであるが、確実なことではない。保護貿易体制が、一国全体の富を減少させる一方で、労働階級の境遇を改善するというのはありえないことではない。この可能性を強調するのが、チェンバリン氏の戦略の重要な一部である。チェンバリン氏によると、製造業の国際貿易は、富者を有利にする一方で貧者を害している。バーミンガムでの演説では、チェンバリン氏は次のように言った。「毎年毎年、貿易収支はますますこの国に不利になっている。実際に誰が損をしているのか。豊かな人たちだろうか。けっしてそんなことはない。豊かな人たちは、金融操作をしたり、海外に雇用を移転したり、あるいはほかのさまざまな手段によって、いままで以上に多くの金を稼ぎ続けるだろう。損をこうむっているのは、この国の労働者たちである。労働者のみが苦しんでいるのである(33)」。

一部の人にとっては、この推論は現実の政治にとって無意味なものであり、考慮する必要がないと考えられている。というのも政府の仕事は、社会全体の一般的利益を促進することであり、一部の特定の利益にかかわることではないと言えるからである。グラッドストン氏の財政思想は、この考えを表している。「われわれは、階級的な嘆願や、個別の敵対する階級利益に拘泥する悪弊から抜け出し、単純にこの国全体の利益のためだけに立法を行おうと試みてきた。……ある階級の利益のための立法は、第一級の過ちであるとわたしは信じている。……それは、階級の区別なく、この国全体の受託者である、われわれ政治家の義務の放棄である」(34)。この一節は、間違いなく雄弁で強い印象を与えるが、これを基にした、わたしへの反論はまったく見当違いである。たしかに、全体の利益を考えることは政治家の義務であるが、もし国民所得の拡大が貧者に不利な所得分配をともなう場合には、必ずしも全体の利益が増進されたとは言えない。たとえば、労働者の総賃金が五〇万ポンド減少する一方で、豊かな人たちが一〇〇万ポンドの所得をあらたに受け取るとき、この社会がより繁栄していると言えるかどうかは明確ではない。実際に、所得の総計の変化と実質的厚生の変化のあいだには、必ずしも調和的関係があるわけではない。したがって、チェンバリン氏の主張は、無意味ではなく、注意深い考察を要するものである。

内部で完全な移動ができるような集団においては、全体の利益と各部分の利益はつねに調和的であると容易に示すことができる。たとえば、労働者が、ある職業から別の職業へなんの摩擦もなく移動できる社会を考えてみよう。その社会の政府が、輸入靴に関税をかけるとすると、それは直接には、靴職人に利益をもたらす一方で、ほかのすべての人に損失をもたらす。しかし、この結果は長続きしない。というのも，製靴産業の好況は，別の産業からの労働移入を招き，そしてこの過程は一定の平衡が得られるまで続く。短期的な移行期間はあるが，すぐに落ち着きを取り戻す。このとき，この社会のどの一部も，ほかの部分と同じ影響を受ける。したがって，輸入関税が集団全体の総所得を減少させるなら，それは確実に，集団の成員すべての所得を減少させる。

もちろん現実には，異なる産業主体同士の移動は完全ではない。非熟練労働者でさえ，ある職業から別の職業へ移動することは簡単ではない。まして熟練の精糖職人が冶金職人になったり，販売外交員が文学者になったりするのは，さらに困難である。資本の領域においても，ガス工場として建てられた工場を自動車工場に転換したり，紡績機械を銃器の製造に使用することは不可能である。土地のさまざまな利用手段のあいだでも，同様の障害が存在する。耕作地から牧草地へ，あるいは牧草地から建設用地への転換は，一定の摩擦をともなう。これらの各産業集団の内部での移動は，たしかに不可能ではないが，重大な障害によって妨げられる。

われわれの観点では，これらの考慮は根本的に重要なものである。しかし保護貿易は，継続的な政策として提唱されているので，以上の観点は，この問題を考察する上で適切ではない。この問題を考察するためには，長期的な観点をとる必要があり，その観点では上記のような労働移動の障害はもはや重要ではない。生産要素は，ストックではなく，フローとみなすことができる。それぞれの大きな集団の内部において，いわば共通の祖先から誕生した成員は，利潤と損失の力のもとで，異なる区分に分かれていく。毎年、新たな集団が生まれるなかで、各部分の「魅力」がほかの部分の「魅力」と等しくなるように、これらの各部分は、労働者によって充足される。新しい資本の蓄積、新しい世代の労働者、および新しく整備された耕作地は、静かに進むべき道を歩んでいる。均衡に向かう力が、つねに働いている。途切れがちではあるが、その動きは継続的である。結合されたタンクのなかの粘度の高い液体のように、ある水準への変化は、一時の観察者にはほとんど進んでいないように見えるかもしれないが、先見の明のある人にとって、それは大きな支配的要因であり、すべての障害は些細な出来事である。したがって、長期的には労働移動は完全であり、全体の利益は、一部分の利益と衝突することはない。

上記の議論は、単一の産業主体から構成されている集団には、およそあてはまる。しかし、さまざまな産業主体が存在する大きな国民集団には、あてはまらない。というのも、ある主体と別の主体とのあいだでの均衡に向かう力が、はるかに小さいからである。労働サービスにたいする需要が落ち込んでいるとき、どのような長い期間をとっても、労働者が、土地所有者や資本家に変化することはないであろう。土地、資本、頭脳労働、熟練の技術的労働、肉体労働といった産業世界の大きな区分は、たがいに競合していないと見るべきではないだろうか。すなわち、ある領域から別の領域へ移動しようとするものにたいしては、大きな固定した隔たりが存在すると見るのがよいのではないだろうか。(35)

きわめて長期の観点では、この見方はたしかに正確ではない。自然には固定した境界は存在しないのであり、むしろ上記の生産要素のあいだの競合的関係は、存在するか、あるいはまったく存在しないかという厳密な区別をもって見るのではなく、対象の関係におうじて、そして考慮する期間の長さにおうじて、どの程度存在するかという緩やかな区別をもって見るべきである。産業主体の各集団のあいだにおいて、まったく労働移動が不可能であるという想定にもとづいた議論は、つねに不完全である。しかし、その一方で、反対の想定にもとづく結論は、より不完全であろう。一時的な収入と恒久的な生産性との相互的関係〔一時的な収入の増加が労働者の能力を恒久的に引き上げる可能性があるということ〕を考慮すれば、この結論は必ずしも適切ではなくなる。要するに分かりやすく言えば、現在の問題はきわめて複雑であり、これにたいして正確な結論を得ることはできないが、移動の不可能性の想定から出発することで、わたしはより正確な議論を目指しているのである。幸運にも、どのような誤りがそれによって持ち込まれたとしても、それは、わたしが反対している政策、つまり関税改革にとって有利になる。

生産要素の移動がなければ、全体と部分の利益は必ずしも調和しない。適切な分析は、次のようなものである。産業全体をつうじて、「代替の法則」が成り立っている。企業は、それぞれの労働サービスおよび機械に投資した最後の一金貨から得られる利益がすべて同じになるように、労働者や機械を別のものに置き換える。企業のあいだでも、同じ法則が働いている。その結果として、国民所得は、その限界生産性におうじて、さまざまな生産要素のあいだに分配される。分配の比率が一定であるかぎり、総所得を増加させる政策はどのようなものでも、各生産要素の受け取るシェアを確実に増加させる。しかし、保護関税は、総所得に作用するのみならず、相対的な生産性を変化させるかもしれない。関税が、ある業種Bを犠牲にして、ある製造業Aを拡大させるとき、ある生産要素は、業種Bよりも製造業Aで重要な役割を担っているかもしれない。そのような場合には、その生産要素は、相対的に限界生産性が向上し、結果として国民分配分のより大きな相対的シェアを享受する。この点について、容易に事例を提供することができる。たとえば、イギリスへのすべての農業輸入に高い関税が課されるとしよう。多くの産業的努力が、製造業から農業へ移されるだろう。しかし、農業地の役割は、製造業よりも農業においてより重要である。したがって、農業地の限界生産性は、資本や労働と比較して上昇し、農業土地所有者が受け取る所得の比率が高まるであろう。異なる状況においては、ほかの生産要素にたいして、同じ結果が生じるであろう。その利益が、たんに相対的なものにとどまるとはかぎらない。その生産要素が受け取る国民所得のシェアの増加率は、国民所得自体の減少率を上回るかもしれない。その場合には、保護関税は、その生産要素にたいして、たんに相対的な上昇ではなく絶対的な利益をもたらすであろう。

以上は純粋理論による推論である。しかしこの領域においては、ほぼあらゆることが可能であるので、実践の助けにはならない。本当に必要な情報は、現在のイングランドでそのような結果が生じる可能性がどのくらい存在するかという点である。この点において、次のようないくつかの論点を提起することができる。第一に、保護貿易に支えられた産業で労働者が担う役割は、実際に、ほかの生産要素との比較において、現在よりも重要になるとはかぎらない。より重要ではなくなる可能性も、十分に存在すると想定できる。第二に、労働者が担う役割が多少でも、より重要になるとすれば、国民所得のうちの労働者のシェアはたしかに拡大するであろう。しかし、絶対的な量を増大させるには、かなりの労働者の相対的重要性の上昇が必要である。というのも、絶対的な量が、われわれの関心においてもっとも重要な基準であるからである。第三に、イングランドと諸外国とのあいだで、資本はきわめて流動的である。したがって、もしイングランドでの資本の収入が減少すれば――国民所得が減少し、労働者の受け取るシェアが増加すれば、これはほぼ確実に生じる――資本はこぞって海外へ流出するであろう。(36) この変動は総所得に不利な作用をもたらし、労働者は、残った所得の大部分を資本家に譲りわたさなければならなくなるであろう。したがって、たとえ労働者が一時的に利益を得たとしても、その利益を維持することはほぼ不可能である。第四に――そしてこれが最後の論点である――、保護貿易が労働という生産要素に利益をもたらすということが真実であったとしても、労働者各人に利益をもたらすとはかぎらない。というのも、労働者一人ひとりは、たんなる労働という生産要素を体現するものではないからである。かれらは、大きな貯蓄を行っている資本家でもある。「中所得の拡大」という重要な研究のなかでゴッシェン卿が警告しているように、統計は、注意をもってあつかう必要がある。貯蓄銀行の投資の一部は、富裕な人々の子息に属するし、ほかの同様の制限条項がある。しかし、この点をどれほど強調したとしても、統計の一般的な傾向は顕著である。一九〇三年において、イギリスの信託銀行（Trustee bank）および郵便局の貯蓄銀行（Post Office savings banks）における貯蓄者の数は一一〇〇万人であり、一人当たり貯蓄額は一七ポンド一八シリング、そして総貯蓄は一億九八〇〇万ポンドであった。産業組合や倹約（協同）組合の会員数は二〇〇万人であり、会員一人当たり資本金はほぼ一三ポンドであり、そして総資本金額は二六五〇万ポンドを上回っていた。建築組合（building societies）（貧者にとっての一般的な投資形態）の数は二〇六二であり、その負債は一〇〇万ポンドであった。

産業会社（industrial companies）（貧者の保険会社）は、一九〇四年に総計二億二一〇〇万ポンドに相当する二二五〇万の保険契約を有し、それは、一人当たりでは九ポンド一六シリング五ペンスになる。通常の友愛組合の会員数は、もっとも近い統計が手に入る一九〇二年において五五〇万人であり、総資本は三六五〇万ポンドであった。各種の友愛組合の会員数は一三二五万人であり、その基金は四五〇〇万ポンドであった。

全労働組合の組合員数は、一九〇三年に一九〇万人であった。主要な一〇〇の組合の一九〇三年の所得は二〇〇万ポンドであり、その年末での基金は四五〇万ポンドであった。(37)

以上のような統計を見ると、労働階級が純粋にかれらの労働にのみ依存していると考えるのは不可能である。資本にたいするかれらの利害は、とても大きい。したがって、たとえ保護貿易が労働に利益をもたらすことが示されたとしても、労働者各人に利益をもたらすことにはけっしてならない。というのも、国民所得が減少することによって、資本が、労働の利益よりも大きな損失をこうむり、貧者の資本がほかの階級と同様に不利な影響を受けるからである。生産要素のあいだでの調和が欠けていたとしても、実際の異なる階級のあいだでは、調和は顕著であるだろう。労働という生産要素が、国民所得全体には不利な政策によって利益を得る可能性は低いと、わたしはすでに示した。労働者という階級が利益を得るというのは、よりいっそう可能性の低いことである。

Ⅷ　保護貿易と産業の安定性

われわれは議論の第三の段階にきた。すなわち、労働サービスが報酬を獲得する方法にたいして保護貿易がどのような影響をもたらすかという論点である。この論点において、イングランドの国際貿易は、不健全な苦汗産業で働いている人々の割合を増加させる傾向があり、重要産業にたいする外国企業からの保護は、この害悪を緩和するであろうと指摘されている。この主張は、一九〇四年一〇月号の本誌の記事で詳細に検討した。(38)そこで得られた結論は、第一に、重要産業の保護は労働者を下から引き寄せるだけでなく上からも同様に引き寄せるということ、第二に、より下級の

「もろもろの業種」の不利な状況にたいする適切な解決策は、別の何かへの保護ではなく、そのような業種への直接の政策、たとえば工場規制法や監視の強化であるということであった。

はるかにより重要な点は、第一に、働く意志のある労働者のあいだでの「雇用」の平均量にたいする保護貿易の影響、そして第二に、雇用の変動にたいする保護貿易の影響である。この論点における分析および説明は、深刻な困難をともなう。というのも、雇用それ自体が不明瞭な概念だからである。失業におちいっている期間を計測しようとするときの困難さに言及しているのではない。論点はむしろ、「雇用」はときには「失業（unemployment）」の反対語として使われ、ときには「失業者（the unemployed）」の反対の意味に使われるということである。雇用の変動にかんするかぎりでは、このあいまいさは問題とはならない。というのも第一に、どちらの意味においても、雇用の不安定性は所得の不安定性をともない、それゆえ明白な害悪であるからである。[39] そして第二に、「失業」および「失業者」の数の変動は、当然ながら同じ時点において同じ方向に生じるからである。しかし、雇用の平均量にかんしては、これは事実ではない。一方で、総労働所得を一定と考えると、短時間制や休日の増加という意味での少ない雇用量は、労働者にとって大きな利益である。他方で、非自発的に多数の労働者が職を失っているという意味での雇用量の少なさは、大きな害悪である。というのも、それは現実には、すべての人が平等に数日間の休暇を得るということではなく、その反対に、優秀な労働者が継続的に雇用される一方で、さまざまな産業で劣った労働者が慢性的に長

い期間ずっと街頭をさまようということであるからである。(40)

三つの異なる問題が存在する。第一に、保護貿易は、一定の収入にたいしてなされる仕事の総量という意味での「雇用」にどのように影響をおよぼすであろうか。第二に、仕事のない労働者の数の、一定の期間をつうじた平均にどのように影響するか。第三に、この平均の上下で生じる変動にどのように影響を与えるであろうか。

第一の質問に答えるのは容易である。ここまで論じてきたように、もし保護貿易が、国民所得およぴ、そのうちの労働者のシェアの両方を減少させるなら、労働時間は短くなるよりも、むしろ長くなるであろう。賃金が低くなるので、生存のための所得を得るためには、より長時間の労働が必要になる。賃金が上昇するにつれて労働時間は減少し、そして、労働階級のなかでもっとも成功した人たちの労働時間が一番低いということは、常識である。保護貿易は、同じ実質賃金にたいしてより多くの労働を要求するという意味において、雇用を増加させ、労働者の余暇の時間を減少させる。

第二の質問はこれよりも複雑である。仕事のない労働者の比率の平均は、二つの要因に依存する。一つ目に、労働者が賃金決定にかんして、どのような一般的方針を持っているかという点である。慣習によって賃金の最低額が決まっており、高齢の、あるいは能力の劣った労働者がかれらの競争相手よりも低い賃金を受け入れることができなければ、かれらが雇用を確保するのはより困難になる。仕事のない労働者の比率はこのように、労働者がどのような賃金を受け入れるかに依存するのである。このかぎりにおいては、関税はまったく影響をおよぼさない。

二つ目に、無職者の比率の平均は、部分的に産業の安定性に影響される。強制された無職状態の大部分は、産業が全体としてつねに変動しているということに起因している。欲求は流行によって変化するし、欲求が変わらなくとも、それを満たす方法は、新しい発明や移動手段の発達によって変わる。労働と資本はつねにこの変動に追いつこうと努力するが、完全に流動的であったり、将来を見通すことができないので、しばしばそれに失敗する。そのような失敗は、空間と時間の両面において生じる。供給は、需要のあとを一生懸命に追いかけるが、それを追い越す速度を持っていない。したがって必然的に、一定の移動しつづける労働者が末端に存在するようになる。かれらは、調整の手段であると同時に、調整が不可能であったことの証明でもある。この要因による失業者数の平均は、いわゆる労働移動の組織化、すなわち人々の移動を支え、情報をひろめ、将来の予測を養うような機関の創設によって変化させることができる。ここまでは、平均失業者数は関税政策とは無関係であった。しかし、平均失業者数は、部分的には、失業の平均を導出する方法の特徴に依存する。つまり、失業者の変動の平均値は、その変動がもっとも大きな職種において、一番高いが、その変動は経済全体の安定性に依存し、そして経済の安定性は関税政策に依存するであろう。この点においてはじめて、保護貿易と失業者は関連性を持つ。保護貿易が安定をもたらすのであれば、無職の人の数の変動のみならず、その変動の平均をも減少させるであろう。

したがって、上記の第二の問題と第三の問題は、一つの問題に帰着する。その両方の問題にかんして、保護貿易が経済を安定化させるなら、それは有益であるし、不安定化させるなら有害である。それだけではない。これまで暗黙に想定されていたが、国民所得は実際には、経済の変動と独立して決定されるわけではない。変動は周期的な生産資源の放置をともなうので、ほかのものが一定であるかぎり、それ自体においては国民所得を減少させる。その結果として、保護貿易が安定性をもたらすことが示されれば、労働者の観点における保護貿易への反論は三つの点において弱められる。

この点における保護貿易論者の議論は、最近の大規模な産業連合の発達に依拠している。可能なかぎり好意的に——保護貿易論者の通常の説明よりもさらに好意的に——述べると、以下の三つの点に分けられる。①イングランドへの余剰生産物のダンピング、②イングランドからの外国へのダンピング、そして③広範囲におけるカルテルおよびトラストの拡大。

第一に、一部の外国の製造業者は、自国の市場での価格を維持することに腐心する一方で、この国の市場の価格維持には関心をはらわないため、ときおり、余剰生産物をイングランドへ低価格で販売する。この慣行はたしかにある程度までは、ダンピングされた国の経済の安定性をそこなう要因である。しかし、この議論によって保護関税の導入が正当化されるという主張にたいしては、わたしは、一つには、これが起こる可能性が相対的にとるに足らないものであり、さらに、現在提案されている関税にはそれを予防する傾向がないと返答する。

前者の論点は、つぎのように示すことができる。一九〇二年のドイツ危機では、多量の鉄鋼のダンピングが起きた。かれの「商務庁への覚書」（Cd一七六一号）の付録として、貿易の専門誌に掲載されたシュロス氏の文章によると、イングランドには大きな変動は生じていない。ここでは、ダンピングされた商品の低価格にもかかわらず、「地元の鉄鋼業者は以前の見積もりにもとづいて生産を行った」ということが、繰り返し述べられている。さらに、レーバー・ガゼット誌によると、一九〇二年の鉄鋼業の雇用は、雇用された人の数においても、労働者一人の一週当たりのシフトの数においても、ほかの年に比べて大きな変化はなかった。

全般的関税によってこの種のダンピングを防ぐことはできないという論点は、高名なディーツェル教授による最近のエコノミック・ジャーナル誌の論文で、見事に論じられている。教授は次のように言っている。「低率の関税による産業保護では、ほかの国の過剰生産という洪水は、関税という防波堤を押し流してしまう可能性がある」(41)。余剰生産物のある国は、それを広い地域に拡散させようとする。保護貿易の国での通常価格は、自由貿易国のそれよりも関税の額だけ上回る傾向があるので、必ずしも自由貿易の国により多く生産物を送り出すとはかぎらない。ディーツェル教授の議論にはない論点であるが、もし関税が定率関税であれば、余剰生産物のダンピングという危険性は、実際には保護貿易の国のほうが大きいということも指摘することができる。というのも、自由貿易の国では、税込みの販売価格と税引き後の受取価格はひとしいが、保護貿易の国では、価格を下げれば税額が減少するので、税引き後の受取価格は税込みの販売価格ほどには減少しないのである。この点はたしかに、定率関税を想定しているので現実においては些細な論点である。[42] しかし、全般的関税にはダンピングの危険性を緩和する効果はないという一般的な結論が誤っているわけではない。[43]

第二に、保護貿易は、再輸入を防ぐことによって、不況時に保護貿易国が他国にたいしてダンピングを仕掛けるのを容易にすることができ、その点において保護貿易には安定化効果があると主張することができる。この議論自体は有効なものである。余剰生産物を処理するための効果的な手段を確保することは、在庫生産という手段と同様に、安定化効果を諸産業にもたらす。しかしその一方で、ある産業が余剰生産物を海外にダンピングすることによって事業を安定的にしようとすれば、それは外国の企業に安価に原材料を供給することになり、自国のより下流の産業の事業を不安定にする。外国企業はこれによって、国内でも海外でもその国の企業よりも低い価格を提供することができるようになり、自国産業の市場が侵食され、混乱をもたらすであろう。ドイツではこの事態はすでに深刻な不平の種になっているが、それを解決する適切な方法はいまだに見つかっていない。[44] したがって、保護貿易は、ダンピングを容易にすることによっておそらく一つか二つの産業の安定性に役立つであろうが、一国全体の産業の安定性を大きく改善するとは思われない。

第三に、保護関税と産業連合との関連に関心を向ける。産業連合が経済の安定性をもたらすような状況を想定することは、たしかに可能である。したがって、そのような状況が実現するのであれば、保護貿易は、産業の連合化をともなうことによって、経済の安定化に間接的に役立つであろう。しかしその一方で、近年の状況を見れば、製造業における企業連合が頻繁に内部崩壊する傾向があることが分かる。(45) このような傾向が現実になれば、企業連合は経済の安定化に反する。さらに、この種の保護貿易擁護論は、そもそも一般的な議論によって棄却することができるであろう。贈り物を持ってくるギリシア人には注意せよ〔木馬を贈り物として持ってきたギリシア人がトロイを滅ぼしたことにかんする格言。敵を信頼するなという意味〕。トラストや、あるいはさらに悪いことに、カルテルを認めることによって、消費者に犠牲を強い、立法を腐敗させ、わずかな経済の安定化を追求するのは、この事態が理解できる人々にとって望ましい取引ではない。

以上のように、保護貿易論者が経済の安定化を主張するために用いる三つの議論があることを見た。すべての議論において、主張されているような安定化効果はきわめて小さいということを指摘した。その一方で、経済を不安定化させる大きな要因が生じることを指摘する必要がある。保護貿易は市場をせばめる。一九世紀の小麦価格がしめすように、市場がせまければせまいほど、変動の傾向は強い。好況はより高くなり、不況はより低くなる。産業状態の山と谷はより顕著になる。ディーツェル教授は次のように言っている。

強い保護関税の体制で繁栄の期間が生じると、有利な状況におかれた産業で激しいインフレーションが起こるであろう。過去の時代にギルドの親方から商品を購入せざるをえなかったように、顧客はそのような産業から商品を購入せざるをえない。物価や利潤、賃金の水準ははげしく上昇し、また同程度に落ち込む。繁栄の期間が自由貿易の地域に生じれば、物価、利潤、および賃金の上昇が生じるであろうが、保護貿易の地域ほどけっして大きくはならない。需給の均衡を取り戻し、上昇が高くなりすぎないように、世界中で労力が傾けられる。外国との競争は、海に注がれた油のように一国の産業の干満を穏やかにする。(46)

この一般的傾向は、上記の特殊な状況よりも、はるかに重要であるというのは明らかなことではないだろうか。近年の企業連合の進展にもかかわらず、マーシャル教授が一八八五年に協同組合の全国大会において演説した言葉を、いまでも繰り返すことができる。「保護貿易は、経済の不安定性にたいする解決策として提案されてきた。あらゆる妥当な議論や、あらゆる過去の事例は、保護貿易が不安定性をむしろ大いに増大させるということを指し示していると、わたしは信じる」(47)。この結論が受け入れられるなら、上記のわたしの推論によって、保護貿易は仕事のない労働者の平均および失業の変動をともに減少させるのではなく、増大させるということが結論として導ける。

Ⅸ　結　論

わたしの考察の積極的な結論を簡潔に述べよう。わたしの結論は、抽象的、あるいは一般的なものではなく、この国の現在の状況におうじたものである。第一に、チェンバリン氏が提案するような全般的関税は、ほぼ確実に国民所得を減少させるであろう。第二に、国民所得のうち労働階級が受け取る部分の比率を、その絶対水準の低下をともなわずに、増加させることはないであろう。第三に、保護貿易は、仕事のない労働者の数や雇用の変動を減少させることによって、貧者に利益をもたらすどころか、反対にそれらの害悪をいまよりも悪化させるであろう。

これらの結論は、はっきりとした明確なものである。もしそれが受け入れられるなら、これらの結論は、輸入製造品にたいする保護関税が労働階級の利益となるという主張を打ち砕く。チェンバリン氏を批判する際、わたしはかれが提案している手段を非難しているのである。かれの最終的な目的、すなわち人々の境遇を改善するという大きな目的を、わたしは共有している。チェンバリン氏が人々の関心を、困難な経済的境遇に向けさせ、社会的改善という大義への情熱を人々に呼び起こしたことをわたしは歓迎する。かれが灯した火は、いま不器用に煙と火花を発しているように見えることは重要ではない。保護貿易の預言者はわれわれに熱と力を与えた。愛国心が正気に保たれるのであれば、その才能をきわ立たせ、それを国家の真の利益のために供するように向けさせるであろう。

注

（1）Goschen, *Essays and Addresses*, p. 223.

（2）*La Psychologie des Foules*, p. 174.

（3）"Mr. Chamberlain at Birmingham," *Times*, November 4, 1905.

（4）チェンバリン氏は、一一月二一日のブリストルでの演説で、かれのモットーとして次の宣言をした。「この国の人々により多くの仕事を、そして帝国の異なる地域のあいだのより緊密な団結を」。*Times*, November 22, 1905.

（5）この点は、フィンズベリー区一九〇四―〇五年の冬における雇用にかんする合同委員会の報告から例示できる。「報道によって雇用の欠如によってフィンズベリーで広まっているとされた困苦の程度にかんして、自称『失業者』代表者によってなされた声明はかなり誇張されたものであったというのは明らかである。区議会への派遣団の指導者は、七〇〇人の仕事を失った人たちを代弁して発言していると述べた。その人々の名前と住所を聞かれ、かれらは三週間ののちに一五六人のリストを提出したが、そのうち一〇四人にかんしては、委員会によってすでに認められていた人たちであった」（同報告、p. 8）。

（6）"Mr. Chamberlain at Birmingham," *Times*, November 4, 1905.

（7）*Times*, November 22, 1905.

(8) *Memoir, Sir Louis Mallet*, p. 104.

(9) 二三三七号青書、p. 159.

(10) 二三三七号青書、p. 174.

(11) 一七六一号青書、p. 221.

(12) 一七六一号青書、p. 290. 労働者の保険にたいする雇用主負担をドイツの賃金に加えることはおそらく適切である。しかし、この雇用主負担はきわめて小さいので、議論に影響を与えない。アシュレー教授によると、それは「約二パーセントの追加的賃金」でしかない。*Progress of the German Working Classes*, p. 18.

(13) *Times*, November 22, 1905.

(14) 二三三七号青書、p. 166.

(15) 二三三七号青書、p. 195.

(16) 一七六一号青書、p. 224.

(17) この意見にかんして、筆者はアシュレー教授に熱烈な支持を示したい。*Progress of the German Working Classes, passim*, とくに二頁「直接の比較は、どの二国の場合でもきわめて困難で不確かであるが、ドイツとイギリスに適用される場合はまったく価値がないということを理解するのにほとんど熟慮は必要ない」。ほかにも多くの同様の文章があるので、第八八号冊子の著者がアシュレー教授の著作を情報源として挙げているのを指摘するのは興味深い。

(18) *Compatriots' Club Lectures* (First Series), p. 260.

(19)　*Principles of Economics*, p. 609.

(20)　かれの時代の政治戦術にたいするサー・ルイ・マレのコメント――現在でも適切さをまったく失っていないコメント――を参照。「少なくとも、明るい将来や税の軽減という見通しを示すことによって、労働階級をだまさないようにしよう。帝国的野心をみたしながら、労働者たちの生活水準を、同じ言語を話す同じ人種の他人が享受している水準にまで引き上げることができると考えることによって、われわれ自身や労働者をだまさないようにしよう」(Sir Louis Mallet, p. 169)。

(21)　*Economic Journal*, September 1904, p. 459.

(22)　*Economic Journal*, September 1904, p. 459.

(23)　二三三七号青書、p. 83.

(24)　一七六一号青書、p. 468.

(25)　救貧民と労働組合員の雇用のあいだに現れる関係は雇用一般の変化の指数として後者の数値をあつかう確信を高める。もちろん、直接にはこの雇用統計は、労働組合員の雇用のみを表している。しかし、非組合員の労働は、ほとんどの産業において熟練労働者の労働に直接間接に依存しているので、組合員の統計は、おそらく一般的失業の絶対量をしめしてはいないが、その絶対量がどの方向に変化しているかについて信頼できる情報を提供してくれると一般に考えられている。救貧民の曲線の変動は、この考えを確認している。

(26)　p. 83.

(27)　この点は、必要であればより明確に示すことができる。統計家になじみのある安定化の手法のうちもっとも単純なのは、平均値からの平均偏差をとることである。一八六〇年以降の景気の山から谷までの一つの波を表す各期間のあいだの雇用の安定性を比較するためにこの手法を適用すると、われわれは年平均の数値を得ることができる。

[1860-64 1.40] 1865-71 1.89 1872-81 2.16 1882-88 2.48 1889-98 1.67 [1899-1903 0.93]

これらの数値のうち最初と最後は、完全な波を表していないので、括弧でくくられている。この計算において雇用率の年平均を見ているのではないことに注意すべきである。もしその価値があるなら、データが入手できる限り、月次の数値も同様に議論することができる。

(28) Cf. Marshall, "An Export Duty on Coal," *Times*, April 22, 1902.

(29) Cf. "Memorandum of the Cambridge University Free Trade Association," August, 1904.

(30) Goschen, *Essays and Addresses*, p. 320.

(31) Taussig, *Tariff History of the United States*, especially p. 173.

(32) "Professor Edgeworth, Marshall, and others," *Times*, August 16, 1903.

(33) "Mr. Chamberlain at Birmingham," *Times*, November 4, 1905.

(34) Sydney Buxton, *Finance and Politics*, i. p. 347より。

(35) Cf. Edgeworth, *Economic Journal*, xi. p. 587.

(36) 「国内に残る資本の一部が、機械ではなく人間に投資するという傾向もおそらく存在するだろう。これはその限りにおいてよいことである。しかし、この方向での議論は、もし保護関税に有利な議論として有効であるなら、機械の発明を禁止するための議論としてよりいっそう適している」。

（37）Cf. *Tenth Abstract of Labour Statistics of the United Kingdom*, 1902-1904.

（38）*Edinburgh Review*, October, 1904, pp. 452-454.

（39）フォックスウェル「わたしは、この点にかんする労働階級の一般的な意見が何であるかを代弁することはできない。しかし、わたしの感覚では、ある必要な限界に達すれば、規則的な所得の獲得は所得の量よりもはるかにより重要である。雇用が不安定な場合には、倹約と自立心が阻害される。数年間の貯蓄が数カ月で費やされるかもしれない。自暴自棄の感覚が強くなる。すべて不確かで何も失うものがなくなれば、無思慮な人口過剰が確実に生じるであろう……労働階級がもっとも苦しむ。この階級にとっては倹約の慎重さは絶対的に不可欠であるが、生活水準が低下し、社会的地位を失った不安定さから以上の問題は生じるのである」（*The Claims of Labour*, p. 196）。

（40）「この点は、一八八七年から一八九五年までの機械工合同協会(Amalgamated Society of Engineers)の失業による労働者の時間損失を分析することによって例示することができる」（二三三七号青書に掲載）。それによれば「好況不況をつうじて、約七〇・四パーセントの成員は、仕事の欠如によって年間三日以下しか失わなかった。一三パーセントは、三日から四週間を失った。四・六パーセントは四から八週間、二・八パーセントは八から一二週間、残りすなわち全体のおよそ九パーセントは一二週間以上を失った」（二三三七号青書、p. 99）。

（41）*Economic Journal*, March 1905, p. 2.

（42）Cf. "Professor Dietzel on Dumping and Retaliation," by A. C. Pigou, *Economic Journal*, September, 1905, pp. 438-439.

（43）「間違いなく、この危険性はきわめて高い税か特定の貨物にたいする差別的な関税をかけることによって弱めることができる。しかし、どちらの方策も、チェンバリン氏の計画には含まれていない。第二の方法にかんしてはまったく現実的ではない」（Cf. *Edinburgh Review*, Oct. 1904, pp. 456–458)。

（44）Cf. Lotz, "The Effect of Protection on some German Industries," *Economic Journal*, xiv. p. 515 et seq.

（45）A. C. Pigou, "Professor Dietzel on Dumping," *Economic Journal*, September, 1905, pp. 440–441.

（46）*Economic Journal*, March 1905, p. 9.

（47）*Address to the Co-operative Congress*, 1885.

第3章　住宅問題の諸側面

この講義を始めるにあたって、わたしはお詫びをする必要がある。わたしは、けっして住宅問題の専門家ではなく、都市や地方における詳細な論点について特別な知識を持っているわけではない。しかしわたしが思うに、専門家でない論者が一般的な考慮に照らして、特定の主題を論じ、それをより大きな全体像の一部として位置づけ、どの程度までその主題が特定の事柄ではなく、より広範囲におよぶ問題の一例であるのかということを考えることは、ときに有益である。このような観点から、そしてそのような意図で、わたしはこの主題にアプローチする。つまり、わたしは住宅問題を、貧困という一般的問題の一側面としてとらえたい。

わたしの出発点はつぎのようなものである。すべての生活の領域において、一人の国民もそれ以下に下回らないような一定の最低条件を規定することは、文明国家の義務である。工場の労働環境における最低基準や、余暇の最低基準（もちろん産業ごとの負担の違いによって異なる最低基準）、住居の最低基準、教育、病気の治療、健全な食品や衣料品の最低基準などが存在しなければならない。過剰な労働時間で働いたり、荒れ果てた家に住んだりするかわりに、ほかのすべての生活領域で最低基準を満たすということは、許されてはならない。それらの基準はすべて同時に満たされなければならず、ある個人や家族がどれか一つの基準を満たしていないのであれば、それは国家による介入の適切な対象となる。以上のような基準が、実際にどの水準に設定されるかは当然ながら国によって異なる。豊かな国では、貧しい国よりも高い水準が定められるべきである。しかしどこであっても、何らかの基準が設定されるべきであり、基準からの乖離があれば、公的機関による介入の必要性が提起される。経済性という観点から、この立場を正当化することができる。というのも、政府資源の支出が、結果として貧者の労働生産性を維持することになれば、それは利益のある投資となるからである。しかし、この観点が正しくないとしても、わたしが述べた政策は十分に擁護できる。というのもこれはたんに、人道的義務を現実的な手段で果たしているにすぎないからである。

以上が認められるなら、われわれの考察におけるつぎの段階は、最低基準という一般的概念を住宅という特定の問題に適用することである。この作業は、意外と困難である。というのも、十分な住宅環境というのは、さまざまな要素からなる複雑な概念だからである。二つの要素がこれまでよく注目されてきた。第一に、個々の家屋の構造と状態である。ぼろぼろの家屋、雨を防ぐことのできない家屋、衛生設備の不十分な家屋、適切な換気の手段がない家屋——以上のような家屋の建設は法によって禁止されなければならない。そしてすでにそのような家屋が建てられている場合には、法によって改修するか、取り壊さなければならない。第二の要素は部屋の混雑である。混雑が、家族の大きさを要因とするのか、家屋の小ささに起因するのか、あるいは下宿人をとっていることに原因があるのかにかかわらず、混雑を防ぐためにも直接的な法制が必要である。サイクス（Sykes）氏の言葉では、

体積によって混雑を法的に定義することが、唯一の十分な方策である。

そして、サイクス（Sykes）氏はまたつぎのように言っている。

〔サイクス（Sykes）氏の定義によって〕成人一人当たり四〇〇立方フィート以下では十分な住居環境とは言えないであろう。一〇歳以下の小児にかんしてはこの体積の半分にまで削減することを認める。

ロンドン市議会は、市が運営する住居にかんしてつぎのような政策をとっている。その基準では、

一部屋当たり、成人二人および、三歳以下の子供一人が最低の基準である。

毎年の検査では、自然増によってこの制限を超えたときには、何らかの改善を求めることになっている。下宿人をとるときには市の許可が必要である。

しかし、十分な住宅環境のためのこれら二つの要素にくわえてさらに、第三の要素が最近急速に重要な問題となってきている。今日、町を、とくにロンドンの市街を歩けば、家屋の配置や外観にまだまだ改善の余地があることは明白である。たとえば、街路がせまく緑地がなく、多数の建物が長い列をなし、憂鬱な単調さをかもし出している。貧者が住む、都市の中心部の混雑した区域において、このような問題はもっとも際立っている。しかし、郊外においても——たとえばケンブリッジの外縁部において——、庭のない特徴のない住居が延々とつづく殺風景な区域が急速に拡大している。このようにみすぼらしい荒涼とした環境にさらされつづけ、やがてそれになじんでしまうと、人々はこれを都市の生活の必要悪と考えるようになるであろう。しかし、ケンブリッジに住む人々には、その印象を中和する簡単な方法がある。レッチワースのガーデンシティや、もし望むなら、ハンプステッドのゴールダーズ・グリーンの郊外を訪れさえすればよい。そこでは家屋が一列にな

らべて配置されているのではなく、切り離されている。そこでは土地の傾斜がたくみに利用され、道を歩けば、家屋のあいだから眺望――木々や芝生のある眺め――を得ることができる。そこでは、小さな家屋も、機械で一様に作られているのではなく、それぞれに固有の特徴があり、庭もあり、開放的な緑地のそばに建てられている。以上の対比は、つぎの点にかんしてわれわれに反省をうながす。すなわち、最近までイングランドで――ドイツでは以前から状況は異なるが――ほとんど顧慮されなかった、十分な住宅環境における本質的な一要素、すなわち都市や村落を構成しているさまざまな家屋の望ましい配置である。われわれはますます明確にそれを理解しつつあるが、そのような望ましい配置はきわめて重要である。それはたんに、少数の高等な人々の美的感覚の問題ではない。すべての人々の人格と健康の問題である。ある意味それは、工場内の環境よりも重要な問題である。というのも、住宅環境は労働者のみならず、その小さな子供にも影響をおよぼすからである。あなたの町をみすぼらしくさせ、混雑させ、子供が遊ぶための開放的な空間と芝生をなくしてみなさい。そうすればあなたは、町の入り口に、人格の形成や生活の向上にたいする「すべての希望をここに入るものはうしなう」と書くだろう。

公園は、大聖堂がその建築の偉大さと美しさによって中世の農村の人々に提供したのと同様の精神的効用を、混雑した工業都市の人々に与える。公園は近代都市の聖堂である(1)。

十分な住宅環境における、この第三の要素の重要性が認められるなら、必然的に政府当局は、一定の面積に許される建物の数を制限したり、個々人の建築を抑制したりする権限を持つべきである。個別の建築業者の行動の結果として、適切に都市計画が生じると期待するのは、個別の画家が各一平方インチをばらばらに描くときに、全体として良い絵画が描かれると期待するほど怠惰なことである。「見えざる手」は、個々の部分の組み合わせから、全体の望ましい配置を生み出すには頼りにならない。より広範囲に権限を有する政府当局が、すでに公的機関の管轄となっているガスや水道と同様に、美観や大気や太陽光といった共同的問題に介入し対応することが必要不可欠なのである。こうして、ドイツで長年行われていた方法にみならって、バーンズ氏のきわめて重要な都市計画法が成立した。この法律では、第一に、個別の構造ではなく、町全体の構造という観点で、個々の建物を規制する権限が、それを積極的にひき受ける市当局に付与される。この法律の第二部は次のように始まる。

開発中、あるいは建設用途に使用される可能性の高い土地について、その土地および近接の土地の整備および利用にかんして、適切な衛生条件、快適性、便利さを確保するという一般的目的で、本法のこの部の規定にそって都市計画案は作成されなければならない。

つまりこれは、ドイツのように、実際の建設にとりかかるはるか以前に都市計画が作成され、事前に将来の開発の方向性を設定するということである。さらに、建物がすでに建てられている土地も対象となり、「その案を実施するために必要であるなら、そこに建てられている建物の破壊あるいは改修」について規定することもできる。最後に、地方当局が都市計画を積極的に作成しない場合には、地方行政庁（Local Government Board）が地方当局に行動を起こすように命令することができる。しかし、人々が都市計画の理念に完全に馴染むようになれば、郷土愛や地方間での競争によって、外部からの強制は必要でなくなると期待できるだろう。

ここまでの議論では、住居の最低基準にかんする三つの要素を簡単に説明してきた。個々の家屋の構造および状態、個々の家屋の混雑、そして都市や村落での家々の全体の配置を論じた。以上を理解した上で、これから主要問題に取り組みたい。理論的に考察した住居の最低基準を実現するためには、どのような政策を推し進めるのがよいであろうか。わたしが思うに、この問題を孤立した問題としてあつかえば、重要な論点を見落とすことになる。間違いなく、住居の最低基準は、労働時間などの問題にかんする最低基準よりも複雑である。しかし本質的な相違は存在しない。この事実はとても重要である。これを念頭において、この講義の残りでは、望ましい住居の最低基準を確立するための三つの手段について議論しようと思う。

多くの最低基準に関連するある政策、およびその政策の、議論の余地のない好影響についてまず議論しよう。栄養摂取量、教育、保険にかんして、われわれが十分とみなす水準を貧しい人々が享受していないのはしばしば、貧困の結果というよりもむしろ、無知や家計運営の失敗の結果である。保健当局の訪問員や、その他の人々による相談・助言・指導があれば、かれらは追加的な費用なしに生活状況を改善することができる。同様の指摘は、住宅環境にかんするいくつかの条件についても、かなりの程度あてはまる。論点はこうである。貧者の家屋のみすぼらしさや不快さは、その大部分が、かれらが十分な家賃を支払うことができないことの結果ではなく、かれらの能力や訓練の欠如に起因する。これを指摘するからといって、明確な義務を放棄している一部の独善的な家主を弁護するつもりは毛頭ない。そのような家主はつぎのように言う。「わたしが所有する家をきれいにするのは無意味だ。そんなことをしても、間借り人がすぐに豚小屋に変えてしまう」。わたしの目的は、まったくこれとは違う。わたしの目的は、故オクタビア・ヒル女史が見事に実践によって示したように、貧困が改善されなくても、貧者の家屋を大いに改善する余地が存在するということを指摘することである。ヒル女史はジョン・ラスキンの助力を得て、もっとも劣悪な区域にいくつかの家屋を建て、その家主になった。ヒル女史は、彼女の事業が社会的教訓として有益となるように、事業を無償にしないという原則を守りつづけた。女史は家賃を設定し、それを断固とした厳格さで取り立てた。この事業はたしかに利益を上げた。ひどい状況に直面しながらも、女史は金銭的慈善という強力だが諸刃の刃である手段を行使しなかった。女史が用いた手段は、個人的な影響力と利害をこえた友情であった。毎週、ヒル女史は家賃を回収するため、間借り人を訪問した。女史は、かれらを個々の人間として知るようになった。直接的にうったえかけることによって、ヒル女史はかれらの清潔さと整理整頓の基準を引き上げた。階段は家主の分担であったので――家屋は全体としてではなく、部屋単位で間貸しされた――、女史は階段を清潔に保ち、この例が徐々にそれぞれの部屋のなかにまで広がった。女史は、いつ訪問するかをあらかじめ知らせておいたので、間借り人は、女史が気に入るように、部屋の節度を保つ努力をしはじめた。女史はつねに相談と助言を提供したが、けっしてお金は与えなかった。結果として、この人々の生活の調子は変化した。かれらは女史の友人になり、かれらの生活の理想を女史の理想へ近づけた。問題の本質はここにある。家主は貧しい間借り人の人格や家屋の状態にたいして大きな影響をおよぼしうる関係にある。しかし残念ながら、貧しい家屋の家主はしばしば、悪い影響しかおよぼさない劣悪な人たちである。ヒル女史の『ロンドンの貧者の住居』という著作には、つぎのような教訓が述べられている。

貧しい区域で、教養深く思いやりある人々が、その代表者として賢明な個人的指導を行うという家主の義務をはたすとき、ほかの方法では達成できない結果が実現できることが実際の経験によって明らかになったとわたしは思う。……わたしは、大都市に住宅物件を所有する人々にたいして、かれらが持っている大きな力や、その力を賢明に用いることによって行使できるよい影響力に気づいてほしいと思っている。それを他人にまかせなければならないのなら、誰にそれをまかせるのかを注意をもって決め、また貸しというきわめて一般的な方法によって、この力が最終的にそれを有意義に利用する意志や知識のないものたちに行かないように注意しないといけない。……二人の同僚とわたしがいるような集合住宅のどこに、家主たちはいるのか。そこでは誰が権限を持っているのか。そこでは誰が間借り人をまとめるのか。もし高貴な生まれの人たちや教養深い人たちが集合住宅を所有しているなら、その集合住宅はそのような人たちの特徴を共有しているだろうか。たとえ所有者がそのような人たちでなかったとしても、住宅には高貴さや教育の影響がなくてもよいものだろうか。

第二の解決策は消極的なものである。それは、人間の消費に適さない商品の販売を政府が禁止することである。周知のように、イングランドではこの手段は食料品にかんしてよく利用されている。販売のために腐った肉や果物を提供した人は刑罰の対象になり、そのような商品は没収される。住居にかんしても同様の政策が採用されている。労働階級住宅法（Housing of the Working Classes Act）の第二部は、都市計画法の住宅条項によるわずかな修正を経て、居住に適さないと判断された家屋の所有者に、それを居住可能にしたり、あるいは閉鎖するように強制することができると規定している。もし所有者が三カ月以内に何らかの行動をとらなければ、地方当局はその家屋を取り壊し、その費用を家主に請求することができる。都市計画法では、労働階級向けの家屋の賃貸において、家主は、家屋を賃貸契約の期間のあいだ「すべての観点において人間が住むのに十分適した」状態に保たなければならないと規定している。この義務は地方当局によって執行され、地方当局は、もし必要であれば、必要な補修を家主の負担で実施する権限を持つ。住居として適切でない家屋が存在しない町であれば、この政策を採用しても大きな問題はない。ある一定の期間において、補修が間に合わなくなるほど多くの家屋が住むのに適さない状態になるということはないであろうから、閉鎖命令が住宅供給の不足につながる危険性はないであろう。必要十分な措置は、一九〇九年法第一七節で規定されているような、公的当局による厳格な監督と検査であり、最近の報告では、この国のほとんどの地域でそのような監督および検査は相当な進歩があったと言われている。しかし、居住に適さない家屋が多数存在する町では、改革の手がかりすらつかめず、深刻な困難に直面している。〔そのような区域で貧しい人に対応する〕医師たちは、これらの家屋を取り締まれば、かなりの人がホームレスになってしまうと指摘している。劣悪な食料品を取り締まる際には、このような問題は存在しない。最悪でも、多くの人の消費をわずかに減少させるのみである。しかし劣悪な家屋の取り締まりは、一部の人たちの消費を大きく減少させることになる。そしてもちろん、これははるかに大きな苦しみをともなう。結果として、取り締まりという消極的解決をとりうる範囲はしばしば、きわめて制限される。大きなスラムを一掃する手段として大規模な取り締まりを行うのは、新しい家屋を提供するためのなんらかの積極的な政策と組み合わせなければ、ほとんど現実的ではない。

ここまで見てきた二つの政策〔個人的な助言と劣悪な家屋の取り締まり〕は、住宅環境の改善手段として明らかな価値がある。家屋をよい状態に保つ方法を貧者に助言すること――貧者の健康を維持するための食事にかんする助言と同様に――、および居住不可能な家屋の取り締まり――有害な肉の取り締まりのように――は、かなりの効果をもたらすのは間違いない。

しかし、これらの手段のみでは、あらゆる人にたいして望ましい住宅の最低基準を実現することは不可能である。根源的な困難が解決されていない。可能なことをすべて行ったとしても、人々が、他人のサポートを受けず、自分の努力にのみ委ねられるとき、この国の一般的な価値観で必要最低水準とみなされる住居の量と質を手に入れることができない人は依然として多く存在する。そのような人たちは、実際に、建築業者にまともな住居を提供するように促すだけの十分な家賃を用意することができないのである。ときには間違いなく、これは絶対的なものではなく、ほかの支出対象とくらべて住居を不当に低く見ていることに起因するかもしれない。これが害悪の原因であるときには、厳格な検査によって、住宅以外の項目にかんする最低基準を侵害しないように注意しながら、現行の法制で医療保険により多くのお金を費やすように人々に強制することができるように、より多くのお金を住宅費に費やすように強制することが可能であるだろう。しかし、きわめてしばしば、まともな家屋の価格を支払うことができない理由は、このような単純なものではない。その原因は、少なくとも部分的には不十分な住居に暮らす労働者の所得が、どのように適切に支出されたとしても、いくつかの最低基準を満たすことができなくなるほど低いということにある。住宅問題の改革論者が直面する主要な困難は、この所得の問題である。あえて強調すれば、これは特別に住宅にかんする問題ではない。多くの人が、最低十分な住宅環境を購入することができないのと同様に、かれらは最低十分な食料や教育、医療サービスも購入することができないのである。われわれが直面している問題は、貧困という一般的現象であり、不十分な住宅供給という問題はたんにその一つの現れでしかない。さらに、この時点で見ておくのがよいと思うが、議会が、現実の多くの賃金よりも実効的に高い、国民最低賃金を設定し強制したとしても、この貧困という事実は改善されない。わたしはここで、そのような最低賃金の導入が、全体として望ましい政策かどうかという難しい問題に答えようとしているのではない。しかし、その問題にどのように答えたとしても、最低賃金の導入によって十分な収入があまねく行き渡るようになるというのは、確実なことではない。というのも、収入は賃金水準に依存するのではなく、雇用量との関連での賃金水準に依存するからである。自由な市場で得られる賃金率よりも高い賃金率を、法によって設定すれば、確実に人々の雇用に不利に働く。したがって、法によって最低賃金が有効に実施されたとしても、多くの人の収入がかれらの正当なニーズのすべてをみたすのに不十分なままにとどまるという根本的な問題は解決されないのである。このように、住宅環境の最低基準にかんする上記の二つの政策にくわえて、さらに第三の政策を議論する必要性に突き当たる。それは、貧者の家屋にたいして政府が補助を与えるという政策である。

もし政府当局が、主として貧しい人たちに消費されている商品の生産に補助をあたえ、そうしてかれらがそれを実際の費用以下の価格で購入することが可能になるなら、最低基準のうち一つあるいはそれ以上を達成することができなかった多くの人々が、その最低基準を満たすことができるようになる。これは、実際の費用以下で貧者に販売される商品が家屋であったとしても、衣服や食料などほかのものであったとしても、等しくあてはまる。これはまた、補助金が民間企業の生産にたいする補助という形態であっても、政府当局自体が損失をともなって生産するような形態であっても、等しくあてはまる。イギリスの現在の慣行では、そのような補助は食料品や衣料品にかんしては提供されていないが、教育や医療保険、失業保険にかんして提供されている。アイルランドでは、アイルランド労働者法のもとで、住宅にかんしてもかなりの規模で補助が出されている。住宅にかんして補助を出すのは、全体として望ましい政策であろうか。これがわれわれの最後の問題である。

この問題を十分に議論するためにはまず、広く信じられている重要な誤解を解く必要がある。一般の論者はしばしば、旧救貧法の経験から、貧者にたいするあらゆる形態の公的補助は、懲罰的かつ抑止的な条件のもとで与えられないかぎり、完全に棄却するべきであると示唆している。全体的にであろうと、部分的にであろうと、教育、保険のプレミアム、あるいは住居にたいする国庫の拠出は、賃金補助であり、非難するべきスピーナムランド方式への回帰であると批判される。このような議論は、旧救貧法の問題の根源が、与えられる補助の額が申請者の賃金と反比例しており、そのため親方の側では賃金を切り下げる誘惑を、奉公人の側ではサボる誘惑をつくり出していたという点にあることを無視している。各個人に支払われる補助が、収入に反比例して変化するのではなく、商品の購入量に直接比例して変化する場合、それは旧救貧法とはまったく異なる結果をもたらす。われわれの現在の議論では、旧救貧法の運営にたいする批判をする必要はない。国家補助という手段で住宅問題に取り組む政策は、問題のあった過去の賃金補助への回帰ではないし、過去の経験からの教訓として棄却してしまうべきでもない。むしろ反対に、それ自身の価値を注意深く考察する必要がある。

ここで、反論の余地のない、別の予備的な議論をするのが都合がよいだろう。もし貧しい人向けの住宅供給に補助金が与えられると決定されれば――ときどき言われるように、経済的家賃以下でかれらに住宅を提供するために――、その補助金は、反社会的な人口の集中をもたらさないように注意するべきである。ほとんどの大都市では、経済競争の力によって、人口が社会的に望ましい程度をこえて中心区域に集中していると信じる根拠がある。したがって、補助金がそもそも与えられるのであれば、そのような傾向を緩和する、あるいは少なくともそれを強調しないようにするべきである。これは、十分に明白であると思われる。それにもかかわらず長年、議会やロンドン市は、この点を無視するような政策を実施したり、志向したりしてきた。ロンドン中心部の土地は高価であるので、そのような場所で労働者の住居を賃貸しする際の家賃はきわめて高くなることを理解しながら、ロンドン市役所はその場所に家屋を建て、商業価値と労働階級の住宅の価値との差額を負担し、納税者から間借り人への多大な補助金支払いをともなう方法で家屋を賃貸しした。郊外地域にある家屋にかんしては同様の補助は与えられなかった。これは、ロンドンの中心部で住むことに同意した貧しい人々に、特別に有利な条件で食料を提供するようなものである。労働者たちは実質的に、その土地の市場価値がしめすように、まったく別の用途に利用するのが国の利益になるような土地に住むという条件で、補助を受け取っていたのである。中心部の反社会的な混雑は、自然にそうなるよりもひどい状況になった。そのような混雑を悪化させるような補助金は、もっとも悪い補助金の方法であることは、少し考えれば理解できることである。なんらかの二次的効果をともなうのであれば、それは、政府が直接的に郊外に家を建てる助成をあたえるにせよ、間接的に労働者のための安価な鉄道や路面列車を支援するにせよ、混雑ではなく人口の拡散をもたらすようなものであるべきである。この観点は、一八八四年の安価列車法（Cheap Trains Act）によって体現されている。この法律は、ロンドンの中心部と郊外とのあいだに鉄道の整備を義務づけ、必要な列車が提供されているという条件で、一マイル当たり一ペンス以下の乗車料金を免除した。同様の観点は、ロンドン市の路面列車の運営においても採用されている。一九一一年時点では、一六八四の労働者向け車両が、一日当たり一万七九二八マイルを日々走っている。

しかし、結局のところこの二次効果の問題は、もっとも重要な問題ではない。適切に付与される貧者の住宅補助は、望ましい政策かどうかという根本的な問題が依然として残っている。住宅は、教育や保険と同様にあつかわれるべきであろうか。それとも食料や衣料のように、なんらの補助なしに放っておかれるべきであろうか。一部の人には反対されるであろうが、わたしはある大きな前提のもとでこの問題にアプローチする。富の生産に深刻な悪影響をおよぼし、それによって貧者自身の境遇に悪影響がおよぶことがないという条件のもとで、富裕な人はより貧しい隣人を助けるように政府によって要求されるべきであるとわたしは信じる。生活環境の改善が各個人の労働者としての能力を改善することは間違いないので、国家補助は――サボる誘引をともなわないように設計されるなら――、そのような不利な影響を出さずに、かなりの規模で付与することができると思う。このような考え方は、教育、保険、家屋、食料・衣料にかんする国家補助にひとしく当てはまる。原則的には、以上の考え方にたいして決定的な反論を出すことはできない。しかし、現実の具体的状況にかんするとても重要な問題があり、補助を与える品目の特徴によって、その重要性は異なる。第一に、ある特定の品目に補助金を与えることによって貧しい人々を支えようとするとき、その補助金の一部は、同じ商品を購入する豊かな人々にも与えられるので、補助の一部が無駄になる。食料品への補助金は明らかに、この反論があてはまる。しかし、初等教育や健康保険および失業保険については、補助金を低所得者のみに制限するのは困難ではない。家屋の建設への補助金が特定の種類の家屋や一定の価値以下の家屋に制限されるなら、この点にかんして保険への補助金と同じ種類のものとしてあつかうことが可能になり、食料品への補助金よりも確実によい政策になりうる。

第二に、どのような支出対象にかんする補助金であっても、生産能力を自然の経路から逸脱させるので、その限りにおいては好ましくない。つまり、ある個人が、特定の商品のみを購入できる補助金として五〇ポンド受け取るとき、かれは、何に使ってもよい直接の交付金として五〇ポンド受け取ったときにするような方法とは異なる支出をするだろう。しかし、特別な反証がないとすれば、かれは、その選択が完全に自律的なものであれば、外部の圧力のもとで行う支出よりもよいお金の使い方をするだろうという想定がある。この想定は必ずしも正しくない。初等教育や保険の本当の重要性を過小評価する人がほとんどであり、したがってこれらのサービスを購入するための人為的な刺激策は、意味があると考えることができる。これは食べ物や飲み物にはあてはまらない。住宅は、この二つのグループのあいだにある。最後に、全体として特定の商品への補助金が望ましいかどうかという問題は、部分的に制度的問題に依存する。初等教育は、学校という比較的少数の分散した場所で、主として公的機関が直接提供する。このため、補助金を管理するための行政的問題は大きくない。健康保険および失業保険についても、ほぼ同じことが言える。しかし、貧しい人々のための家屋の提供にかんしては、状況はこれほど易しくない。家屋を建てるという事業は一般的に言って、公的機関に適したものではない。したがって、地方自治体が建てた家屋に公的補助を与える一方で、民間企業の建てた家屋に同様の補助を与えないのであれば、それは民業圧迫であり、得策ではない。しかし明らかに、小規模家屋の建設に従事している多数の民間人に補助を支払うのは、きわめて多大な労力であり、濫用が必ず生じるであろう。この点において、貧者の家屋にたいする補助政策には深刻な現実的反論が寄せられるということは間違いない。しかし、わたし自身の意見では、このような反論は克服不可能だとは思われない。少なくとも、注意深く設計された、貧者の家屋にたいする国家補助政策は、実現不可能なものと決めつけるべきではない。それは、所期の結果が起こることを保証しないとしても、少なくとも前向きな考察に値する政策である。

注

（1）Benoit-Levy, *La Ville et son Image*, p. 11.

第4章　賃金率の阻害要因

社会問題を考察しようとする経済学者は、その学問が無意識に偶像化しているものについてつねに気をつけるべきである。経済学者は、主として経済現象を議論することにかかわっているので、無意識に不当に高い重要性を経済現象に付与する傾向がある。実際に、どれほど広くその言葉を解釈したとしても、経済的福祉は全体の福祉の小さな一部でしかない。人生における最善のことは、お金で買ったり、測ったりすることのできないものである。所得は、幸福や人間的価値の基準ではない。わたしは、これを聴衆の皆さんにではなく、専門家としての自分自身にたいして述べている。というのも、人間の価値は市場における価値以上のものであるということは労使利益分配運動がつねに理解していることであるし、このわたしの講演の名前の一部になっているアニュリン・ウィリアムズが誰よりも十分に理解していたことである。

しかし、たしかにそれはそのとおりであるが、経済的条件が一般的福祉におよぼす影響はとても直接的で重要なものであることもたしかである。通常の人間の生活の満足度のなかでかなりの部分が、お金で買えるものやサービスと直接に関連している。さらに、経済的な満足度がある特定の最低基準に達していなければ、非経済的な善をあたらしく得たとしてもその大部分が無意味になる。ぎりぎりの生存条件を得るために、毎日一二時間はげしい労働を行わなければならないとすれば、自然や文学や芸術をたのしむ余力が残っているであろうか。家族の所得が限られていて、小さい部屋に多数の人が住まないといけないとしたら、家族との交流を楽しむことができるであろうか。それぞれ一〇〇〇ポンド、二〇〇〇ポンド、四〇〇〇ポンドの所得を持つ三つの家族を比較するのであれば、この種の考慮は大して重要ではない。このような家族であれば、極端な窮乏状態におちいることはないであろう。一〇〇〇ポンドの家族は四〇〇〇ポンドの家族と大して変わらない充足した生活をすることができるだろう。しかし、ある三つの家族の所得が、それぞれ一〇〇ポンド、二〇〇ポンド、四〇〇ポンドであれば、別の考えが必要になる。一〇〇ポンドと四〇〇ポンドとの差は、一〇〇〇ポンドと四〇〇〇ポンドとの差とは質的に異なる。いっぽうでは、暗闇が支配しており、他方では太陽が昇っている。肉体労働者の所得がつねに経済学者の関心の対象となっているのは、以上のような理由があるのである。かれらは低所得しか得ていないので、かれらの所得の変化は、より裕福な人々にたいする同じ額の変化、あるいは同じ率の変化でさえよりも、総合的な福祉に大きな影響を与える。経済学者が彼らに関心を持つ第二の理由は、言うまでもなく、肉体労働者とその家族は人口の主要な部分を占めているということにある。大多数の幸福は、少数の幸福よりもわれわれ経済学者の価値基準においてより重要である。

まずは肉体労働者の所得にかんしていくつかの考慮すべき点——残念ながら、新しい論点ではまったくないが——を提示したい。現代においてかれらの所得はおおいに上昇した。たとえばサー・ジョザイア・スタンプは、「今日の平均的な人は、一九世紀の初めよりも、つまり一二五年前よりも実質において四倍裕福である」と好んで述べた。賃金指数によると、一八五〇年とくらべると実質賃金は七五パーセント上昇した。このようにたしかに改善はあったが、さらに大きな改善が望ましいということは誰もが同意する。この講演の目的は、この改善の可能性がどのような要因によって決定され、制限されるかを問うことである。

この考察において、貨幣的側面を無視することは都合がよい。というのも、結局貨幣というものはそれ自体においては何物でもないからである。ある人の所得や賃金が一定の貨幣で示される額であるということは、その金額によってどれくらいのものやサービスを購入できるかが分からないかぎりまったく意味がない。したがって、貨幣を無視してつぎのような状況を想定しよう。毎年、一国の知的労働者と肉体労働者が、人間が作った資本設備や機械や工場、そして自然が用意した土地や鉱山を利用して、一定のものやサービスの集合体——サー・ジョザイア・スタンプの言葉を用いるなら、ものやサービスの堆積物――を生み出している。ある年に作られたこの堆積物は――もちろんわたしはかなり大まかな言い方をしており、副次的な問題は無視している――、その年のその国全体の実質所得となる。肉体労働者の実質賃金や、知的労働者の給与、利子や利潤や地代はここから生じてくる。したがって、肉体労働者の実質賃金の総額および賃金水準は、二つの要因によって直接制限される。肉体労働者以外の人々がこの堆積物から取り出す分、そしてもともとの堆積物の大きさである。実質賃金の総額を引き上げるための唯一の方法は、現在ほかの人々に向かっている分を少なくするか、あるいは、堆積物全体を大きくすることである。ほかに方法はない。

この問題に特別な考察を行ったことのない人々は、この堆積は全体として十分な量が存在しており、一部の裕福な怠け者が不労所得として多くの量を取り去り、それを無駄遣いしていると信じている。言い換えると、低賃金の根本的な原因は、国民所得の悪い分配にあり、その分配が変更されれば肉体労働者の実質賃金は何倍にも拡大することができると信じている。新聞に報道されている軽薄な浪費や歩道から見える高性能な自動車は、この意見に色彩をそえる。広く信じられているだけでなく、自然に聞こえもする。しかし、冷静に統計を見れば、これは支持することのできない意見である。一人の平均的な人の年収と比較すれば、とても富裕な人の奢侈的支出はきわめて大きいが、すべての通常の人の総所得と比較すれば、すべてのとても富裕な人の奢侈的支出の全体は小さいものである。その理由はもちろん、とても富裕な人の数が総人口に占める比率として計算すればきわめて小さいということにある。Ａ・Ｌ・ボウレー博士は、〔第一次〕大戦の直前の期間にかんする慎重な研究を行った。最近まで生じていた大きな激しい物価変動によって、現在にかんする類似の研究は残念ながら不可能であった。しかし、一般的な状況にかんして現在と一九一一年が異なっていると考える根拠はない。一九一一年には、この国の総実質所得の約半分が、年一六〇ポンド以下の所得の人々――週約三ポンドであり、大半の賃金労働者に相当する――に帰属した。残りの半分のうち、大部分――半分以上――が税として公共目的に支出されたり、新しい資本設備を建てたりすることに利用された。これを考慮に入れ、これらの所得の受領者が、新たな分配において一人当たり平均賃金率と同じ額を受け取ることを許されるなら、かれらの元の所得から肉体労働者へ所得の移転を行っても、実質平均賃金率を二五パーセント引き上げることしかできない。この計算では、この移転がその過程において――直接および間接に――総実質所得を引き下げないと想定しているが、もちろん実際には確実にかなりの総所得の減少をともなうだろう。以上を考慮すれば、わたしの判断では、悪い分配は肉体労働者の収入を押し下げている主要な要因ではなく、分配を操作するだけでは実質賃金の平均水準を週数シリング以上引き上げることはできないという結論をとらざるをえない。この点にかんして誤解がないようにしたい。現在の資産の分配を望ましいと見ることができるとか、たとえば一〇万ポンドぐらいの額がこの国のすべての労働者に分配されても目に見える効果を持たないので、一〇万ポンドを騒々しい生活に浪費しているお金持ちがかれの同胞にたいして罪がないとか、そのようなことを言っているのではけっしてない。その反対に、われわれは非常に小さな実質所得の全堆積しか有していないので、それを少しでも浪費することは非難の的であるべきである。政府が低所得者を補助するための社会サービスによって現在行われている大きな所得移転以上に、さらなる移転を行うことは不可能だと言っているわけでもない。ここまでのわたしの議論は、倫理や政治にかんするものではなく、統計にかんするものである。それは、われわれの実質国民所得はすべての正当な欲求にたいして十分であり、単純に怠惰なお金持ちの余分な所得を没収することで社会全体の経済的繁栄が実現するという一般的な考えを否定するのである。われわれの生活のために必要な財やサービスの堆積は十分ではないのである。現在においてもこの堆積は、人口全体にたいして悲惨なほど小さい。ボウレー博士が一九一九年に述べたように、「この国の富はどのように分配されても、大戦前には全般的な高い生活水準を実現するには不十分であった。将来においてそれが拡大すると示すものは何も存在しない」。

分配から生産に視点を移し、毎年の所得の堆積の大きさが決定される要因について考察しよう。しかしこれは、すぐに複雑な問題に直面する。この堆積物の大きさを変化させるものの一つは、それを生産するのに雇用されている人々の数であるというのは明らかである。ほかのものが等しければ、人口の上昇はこの堆積を拡大させ、実質賃金の総額の増加を可能にする要因である。しかし、堆積物の大きさと人口は別の点でも関連性を有する。人口の上昇は堆積の拡大をもたらす傾向があるだけではなく、堆積の拡大が人口の上昇をもたらす傾向もある。自然をコントロールする人間の能力が拡大するにつれて、人間は同じ数の人々にたいして一人当たりより大きな実質所得として、あるいはより多数の人々にたいして一人当たり同じ所得として、あるいはこの二つの方法のあいだのどこかの中間で、利益を獲得することができる。この点において、人口にかんする大きな問題に直面する。わたしはこの講義の中立性をまったく損なうことなくこの問題について議論することができない。そのため、許されるのであれば、この問題には触れずに、この限定された議論の目的にてらして人口変化が無視できるという想定のもとで議論を進めたい。

第一に、堆積物の大きさを変える要因として科学知識を挙げることができる。それは、自然のさまざまな力を人間の利益のために用いることを可能にする。それは、世界の様相を変化させてきた。一〇〇年前には現代の通信手段は一つも存在しなかった。鉄道、蒸気船、電気鉄道、ガソリン・エンジンのバス、飛行機、電報、ラジオなどは一〇〇年前には存在しなかったのである。これらはすべて科学知識のおかげである。さらに数え切れないほかのこともそうである。科学は一定にとどまるものではない。それは、つねに前進しており、一定の数の人々の一定の努力で、より大きな実質的なものやサービスの堆積を生み出すことを可能にしている。何が可能であるかにかんして限界を設けるのは性急である。たとえば、原子のなかに蓄えられている膨大なエネルギーを開放しコントロールする手段が発見されないとは誰も言い切れない。それが可能になれば、人類はわれわれが現在想像できる範囲を完全に超えた力を手に入れることができるであろう。たしかにその力は、戦争において相互の殲滅をもたらすかもしれないが、少なくとも、よりよい目的に利用されるという希望は存在する。

第二の要因は資本設備である。単純に言って、道具や電気器具、機械、工場、鉄道、船などが提供されればされるほど、一定の数の人はより多くの財やサービスを生み出すことができる。資本設備がどのように所有されるか、すなわち、現在のように資本家によって所有されるか、主に政府によって所有されるか、労働者の団体によって所有されるか、という問題をわたしは議論しているのではない。所有の方法がどのようなものであれ、資本設備の量の拡大や質の改善がものやサービスの堆積を拡大することを可能にするのは明らかである。さらに、これはとても重要なことだが、われわれの関心のもとでは資本設備のなかに労働者の熟練能力を含めるべきである。新しい物的資本を建てるのに用いることのできた資源を、社会保障政策に用いれば、社会の生産能力が削減されるという主張がある。そのような主張にたいして、わたしは以下のように答える。蒸気機関を建造することに劣らず、人々に教育や訓練を与えることによっても生産能力を拡大させることができる。機械を修復することと同様に、病気の人を回復させることで生産能力を拡大させることができる。人的資本は物的設備とはちがってそれ自身で完結する。その点で人的資本は生産資本に優るのであるが、資本のなかに含めるべきであることに変わりはない。

第三の要因は人々が働きたいと思う労働時間である。もちろん、ある重要な点を超えれば、労働時間のさらなる増加は長期的に生産量を拡大させないということは一般的によく知られており、戦争によって得られた経験からこの知識は正確になった。当然ながら、もっとも生産的である労働時間の長さは、職業によって、そして労働者の職階によって異なるが、すべての労働者にたいして限界が存在する。その限界を超えることは、あらゆる点から見て無意味である。しかし、その点を超えるまでは、労働時間を長くすれば生産量は拡大する。したがって、ここで判断を行う必要がある。わずかな余暇で多くの堆積物を得るか、多くの余暇で小さな堆積物を得るかをわれわれは選択することができる。余暇を嗜好して堆積が小さくなれば、これを残念に思う必要はない。そのような理由で生じた堆積の縮小は、自然が人間にたいして不親切になったためにもたらされた縮小とはまったく異なる。

わたしが言及する最後の要因は、組織、つまり共通の作業を行うためにさまざまな生産主体を調整し、結合する方法である。これは、大きな主題であり、論争がつねにあるものである。よりよい組織の手段が採用されれば、財やサービスの毎年の堆積は拡大されるということは誰もが認めることである。産業活動の種類によって適応可能な組織形態は異なるということも多くの人が認める。しかし、民間企業、協同組合による生産、労働者との利益分配制、地方自治体や中央政府による運営などといったさまざまな組織形態が適用されるべき範囲にかんしては、大きな対立がある。もちろんこの一般向けの講演で、これほど大きな論争に入り込むつもりはない。よい組織方法に求められる特徴を、さまざまな現存する組織方法がそれらを満たしているかどうかという意見をあえて提示せずに、示したい。この特徴は大きく二つに分けることができる。第一に、技術的な効率性がある。別の段階の生産過程をうまく調整し、余剰や不足が原材料から最終的な生産物にいたるまでどの段階においても生じないようにしなければならない。すべてのものの各部品は適切な比率で製造されなければならない――導火線を、それを納める薬包の十倍も作られることがないようにしなければならない。五年前に人々がほしがっていたものではなく、現在ほしがっているものを店で見つけることができるように、一国の労力がさまざまな生産用途に分配されなければならない。第二に、わたし自身の表現を用いれば、人的効率性がある。適材適所の人的配置が必要である。管理職には管理能力のある人々が、熟練技能が必要な職業にはそのような技能を持った人が配置されなければならない。さらに、報酬体系は、各人が最善をつくすように仕向けられるようなものでなければならない。自発性をうながし、生産過程を改善する方法を思いついたときには、それを提起する機会や動機があるべきである。しかし、雇用されている人々の相互の関係は、摩擦が生じないように保たれなければならない。わたしの理想の世界では、ストやロックアウトによる作業の中断は、今ではサッカーチームがキャプテンとゴールキーパーとの口喧嘩で試合を台無しにすることが考えられないのと同様に、考えられないものになっている。技術的および人的効率性というこの二つの効率性は、よい産業組織の形態の特徴である。これらは、特定の組織形態にいくつの評価点を与えるかを決定するために考えるべき事柄である。単純に言ってこの観点での改善は、国民所得の総堆積を拡大させることに役立つ。

ここまで述べてきたことは、主として記述的なものであった。全体の福祉は経済的厚生よりもはるかに幅広いものであるが、現代社会の全体の福祉は、そのなかの労働階級の経済的厚生に大きく依存しているとわたしは提起した。労働階級の経済的厚生はさらに、その国の所得である富の総堆積物の大きさと、それが労働者とほかの人々とのあいだにおける分配に依存している。この堆積物は、一人当たりにおいてきわめて小さいので、分配を操作するのみではすべての人に高い生活水準を提供することができないと示し、堆積物の大きさに作用する重要な要因に言及した。以上の一般的な説明から、善意の人々が従事する社会改革の賢明な手段への追求のために何らかの指針を設定することができるであろうか。ある程度重要な原理をみちびくことが可能であると思う。その原理とは以下のようなものである。国富の堆積はすでに危険なほど小さいので、労働者の境遇を改善する政策のなかで、その堆積全体の大きさをさらに削減する政策と削減しない政策を区別する必要がある。それを削減する政策は必ずしも非難されるべきではないが、疑いの目を向けられるべきであり、立証責任はそれを主張する人が負うべきである。後者の政策は無条件に歓迎される。以下ではこの区別について説明しよう。

ある集団が緊急の需要がある財の供給をコントロールすることができるとき、その集団は、意図的に生産活動を弱めることで、かれらの収入の総額を増加させることができる。独占的な資本家連合はそれを行うことができる。一部の産業の独占的な労働者の連合もそうすることができる。生産活動の抑制は、サボタージュであれ、その他の方法であれ、もし条件が有利であれば、少なくとも一時的には、おそらく長い期間においても、その集団を有利にする。しかし、これは必然的に実質国民所得を減少させるので、社会全体への損害、そして肉体労働階級にもほぼ確実な損害をもたらす。この種の政策は、きわめて特殊な状況での一時的手段として正当化できるかもしれないが、一般的には社会全体の利益に反するものである。

わたしが思うに、この点は一般的に合意が得られている。しかし、より複雑で、議論の余地がある問題にもつながっている。いわゆる生活賃金（living wage）をもとめる議論である。生活賃金とは、労働需要への考慮なしに、われわれにとって十分な生存のための最低条件と考えられる水準によって決定される賃金である。生活賃金は、経済的賃金（economic wage）とわたしが呼ぶ概念と対立する。経済的賃金とは、景気変動や職を移動している労働者を考慮した上ですべての雇用を望む健常な労働者が雇用を見つけられるような賃金率、あるいは賃金率体系（職種ごとの熟練技能の違いに応じた複数の賃金率）である。生活賃金という理想を追求し、賃金率を経済的賃金の水準よりも高く設定するなら、雇用は必然的に縮小し、生産量はそれにおうじて削減される。この点を明らかにするために、もっとも単純なケースを考えてみよう。農業経営者が賃金を金銭ではなく現物（小麦）で支払うと考えよう。このとき、任意の小麦賃金にたいして、農業経営者は、最後の労働者の働きが、かれに支払う賃金と同じ量だけ総生産量に貢献するように、雇用する労働者の数を調整するだろう。賃金を引き上げるごとに、ほかのものが一定であれば、雇用する労働者の数の減少、小麦の総生産量の減少が生じる。これは一般的にあらゆる賃金に適用できる。相当な期間において、失業率が三あるいは四パーセントをかなり上回るなら、賃金の一般水準（もちろん必ずしもすべての産業における賃金水準ではなく）が経済的賃金の水準を上回っているという推論が有力である。わたしの判断では、この推論は現在の経済状況において正当であると思う。近年の異常に高い失業水準は、部分的には、戦争による甚大な被害や生産資源の偏りがあるにもかかわらず、労働者が平均実質賃金率――商品で示される賃金の価値――を戦前水準に保とうとすることの代償であるとわたしは考えている。そのような代償を払うことは誤りであると教条的にわたしは主張するつもりはない。失業率が高くなり、なされえた仕事がなされなかったため社会がより貧しくなり、そして労働者が全体として、失業者が獲得できていた賃金を失うことは、平均的に実質賃金率が戦前水準を下回ることよりもよいことなのかもしれない。それはそうかもしれないが、立証責任はそれを否定する人々ではなく、それを主張する人々にある。戦争の甚大な損害にもかかわらず、この国で実質賃金率が戦前水準を下回っていないというのは一見すると矛盾している。そのように下回るべきでないということは、議論を許さない公理ではない。賃金が高止まりすれば、その代償は深刻なものであり、もちろんほかの階級にも影響をおよぼすが、わたしの意見では、主として労働階級にその負担がのしかかるということを認識するべきである。

生活賃金という論点にかんして誤解を招きたくはない。その概念にたいしてわたしは経済的賃金という概念を打ち出したが、すべての産業において市場の自由な働きにまかせれば、賃金率が自動的にあるべき水準になると示唆しているわけではもちろんない。賃金は容易に、経済的賃金の水準以下にもなりえるし、ある状況では高い賃金がかれの能力に作用し、低い賃金にしか値しない労働者がそれをつうじて高い収入に値するようになるということもありうる。生活賃金との対比で経済的賃金を訴えることは、個人主義的自由放任主義を訴えることではない。この国において人間に不適切な生活条件の存在を容認するつもりもない。わたしはたんに生活賃金というスローガンを否定して終わるのではなく、生活に適した条件（living conditions）というスローガンを提起したい。生活賃金という議論を推し進めることは、上に述べたように多くの失業をもたらすので危険である。しかし生活賃金は、危険であるだけでなく、社会の進歩のための手段として無意味である。というのも、平均的な家族を持つ労働者の生活費には十分であるが、それよりも大きな家族を持つ労働者には十分ではないであろう。失業や病気がかれらを襲った場合にはどのような家族にたいしても不十分であろう。したがって、わたしとしては例外的な状況をのぞいて、現在の経済的条件と雇用を求める労働者の数とがもたらす傾向のある水準よりも高く、賃金を押し上げようとすることに慎重である。しかし、ある人がどのような賃金を得ているとしても、かれやその妻、そして特にかれの子供たちが、必要であれば公的基金の支出をつうじて生活に適した最低条件――かれらにたいして満足のいく生活を保証し、かれらがこの国の経済的厚生に貢献できるようにするための最低条件――に達するように、政府が積極的な対策を行うことにたいしては慎重になるべきではない。後者のアプローチは、別のアプローチよりも安全で有効であると思われる。

ここに、わたしの原理の積極的側面への架け橋がある。すなわち、全国の生産物の堆積を減少させることなく肉体労働者の境遇を改善するための政策である。所得や相続時に移転される資産にかかる税は直接的には価格に算入されないので、その経路においては生産を抑制することはないということは、大部分の経済学者が合意している。たしかに、現在行われている労働や貯蓄にたいする誘引を縮小することで間接的に生産を抑制することがあるのは認めなければならないが、その抑制の程度は不確かである。わたし自身の意見は、この種の税によって深刻な生産抑制という悪影響なしに大きな金額を徴収することができるというものである。議論をすすめるためにとりあえず仮にこの意見が正しいとしよう。ではどのような状況が生じるだろうか。政府は、実質所得の総堆積物を大きく減少させることなしに大きな金額を比較的裕福な人々から集めることができる。そして政府がその資源を人的資本を築くために、すなわち教育や、必要であれば幼少期の子供の生活を支えることに利用するとする。また、過密で不衛生な住居のような潜在的な病気の原因を取り除いたり、初期の段階で病気を治療したり、一時的な失業状態が技能や労働意欲の喪失につながらないようにするために政府がその資源を利用するとしよう。このような支出は、最終的に生産能力の拡大をもたらすと期待できるので、差し引きにおいては——非経済的な利益については措いておいたとしても——総堆積物を大きく拡大させることになる。この利益と比較するべき損失の要素は存在しない。

ここで一つ付け加えることがある。国民所得を拡大させながら、肉体労働者の境遇を改善する政策のなかで、労働者との利益分配制は高い評価に値する。この手段は、たんなる利益の分配という基本的な形態であっても、摩擦を予防し、協調関係を促進し、労働者にみずからの仕事に関心を持たせる。これらはすべて生産の拡大に役立つ。そして、より長期的な視点を持ち、産業のコントロールを行う実質的な機会を労働階級の一部に与えられるような形態を考慮するなら、さらに大きな利益がある。その階級に潜在的に眠っている能力が利用され、社会的上昇の機会が与えられる。マーシャル教授が近代産業の大いなる廃棄物と呼んだ、低い身分の人々の未使用の能力が、廃棄物になることなく人々の利益のために利用される。

以上がわたしの講演である。わたしはこの講演で、社会問題を広い視野で抽象的に議論することをお願いされた。用意したものを読む上で、この講演が抽象的すぎて批判者がわたしの結論を陳腐なものと決めつけるのではないかと危惧する。もしそうであれば、ご容赦いただきたい。そして、社会的情熱と強い公共精神を持ったウィリアムズ氏を記念する講演の嚆矢を務める栄誉をいただいたことに感謝を申し上げたい。

第5章　戦争負担と将来世代

要　約

わたしは、どの程度、そしてどのような意味で、将来世代に戦争負担を転嫁することができるかについて、論文を寄稿するように依頼された。この問題は、理論的重要性のみならず、現実においても重要な問題であるので、わたしはこの機会を喜んで受け入れた。たしかにこの問題には自明な部分もあるが、論争を呼ぶ論点もある。問題の一部は、「負担」という言葉の意味に曖昧さがあることから生じている。というのも、その言葉は、財やサービスで表される費用として客観的にも解釈されるし、満足の犠牲という意味で主観的にも解釈されうるからである。以下では、この区別を念頭に置き、すべての論点を論理的順序で議論する。

戦争の結果として、将来世代が負担する客観的な負担は、実際の経済的状況と、ほかのものがすべて等しく、かつ戦争がなかった場合の状況との差異によって測ることができる。この経済的状況の差異は、もっとも広い意味で解釈されれば、将来世代の人々の質と量にたいする、戦争被害の間接的影響も考慮にはいる。しかしここでは、やや狭い解釈、すなわち人々自体の変化を考慮せずに、経済的環境における変化のみを考慮に入れるほうが便利である。

一国にたいする戦争の実質的費用は、二つの部分に分けられる。すなわち、その国の、あるいはその国にあった敵国の所有物になされた破壊、および戦争の遂行のためにその国が投じた資源である。前者は、侵略された国の家屋や家具、道路や土地にたいする損害、そして侵略されていない国の海や空からの爆撃の結果や、船舶への損害を含む。後者は、軍需物質の供給のために割かれた労働力、そして戦争で実際に利用され失われた資本ストック（たとえば、木材として利用された樹木、鉄道の磨耗、前線に送られそこで破壊された鉄道車両など）を含む。他国との関係を持っている国では、別の要素が現れる。というのも、その国の政府は、戦争目的で他国の政府や外国の個人から借り入れを行うことが可能であり、またたとえ政府が借り入れを行わなかったとしても、戦争従事国の民間人が、税としてであれ、貸付としてであれ、政府に資金を提供するために海外から借り入れを行うかもしれない。あるいは、借り入れを行わなかったとしても、外国証券や、その他の流動資産を外国人に売却することで、実質的に同じことをすることができる。最後に、政府あるいは民間人が、軍需物資を購入するために金を海外へ輸送し、その国の金準備を減少させることもありうる。

これらのさまざまな費用は、部分的に（ただし部分的でしかないが）、将来の経済環境の悪化として現れる。というのも、経済環境を悪化させることだけでなく、ほかの方法でも、それらの費用をまかなうための資源を獲得することができるからである。工場や家屋が敵の攻撃によって破壊され、森林が切り落とされ、労働や資本が産業設備を製造・維持する代わりに軍用に用いられ、国外からの借り入れがなされたとき、以上の費用項目は、将来に転じられる客観的負担の項目と完全に等しくはならない。一般的に言って、戦争の費用が、戦争に従事した世代の追加的労働や、かれらの普段以上の節約以外でまかなわれたときにかぎり、これらの費用は、将来に転嫁される――また、これらの費用とは反対に、将来には、軍事用途に製造され耐久性のある産業設備が、平和時にも残存し、有益に利用される可能性がある。しかし、戦争費用が追加的労働や普段以上の個人の節約でまかなわれるかぎり、その費用は将来に転嫁されないというのは正しくない。というのも、労働の拡大と消費の減少は、現在世代の生産性を低下させることで、現在世代の生産への寄与を削減し、それによって将来世代が利用できる資本設備を減少させる。この種の反応がどの程度、大きなものになるかは、もちろん人によって異なる。普段から激しい労働を行っている人にとっての労働の拡大や、すでに倹約して生活している人にとっての消費の切り詰めは、普段怠けている人にとっての労働の拡大や、大食家や放蕩者にとっての消費の削減よりも、はるかに大きな影響をおよぼす。一般的な結論は、このようにしてまかなわれた費用（そしてもちろん、戦争中のことであれ、その後の復興期のことであれ、これは真実である）は、部分的に間接的な過程を経て、将来に転嫁されるということである。しかし、総じて見ると、このようにしてまかなわれた費用は、さきの段落で述べたほかの方法でまかなわれた費用よりも、はるかに小さい程度だけ将来に転嫁される。したがって、戦争費用が、追加的な労働や個人の節約でまかなわれればまかなわれるほど、将来世代が戦争費用によって負担を受ける程度は小さい。

戦争負担をまかなうさまざまな方法の選択、および、そのそれぞれの方法が将来世代にたいしてどの程度、客観的負担をもたらすかという問題は、政府の財務政策とは完全に独立した、多くの重要な要素によって影響される。それらのなかには、その国の戦略的立場、それゆえ海外から借り入れを行う市民の能力、市民が国外市場で証券を売ることができる容易さ、通常時に、使われていないか、あるいは完全には占有されていない労働力の大きさ、人々が個人的な快適さや楽しみを公共目的のために切り詰めようとするかどうか、などがある。これらの要因は特別に議論をする必要がない。これらのすべてにかんして、所与の条件があると想定しよう。その想定の下で、われわれはとても重要な問題に直面しなければならない。すなわち、政府の政策が、戦争費用の原資となる一国の総資源や、将来世代に転嫁される客観的負担にどのような影響を与えるかという問題である。国外からの借り入れは、軍事的考慮によって決定されると考えることができるので——国外借り入れは、自国の人々から得られるもの以上の部分を構成する——、われわれの考察対象から外れる。したがって、さまざまな種類の国内の税と国内の借り入れに関心を集中する。

課税か借り入れかにかかわらず、徴収の名目的対象と実質的対象という重要な区別が存在する。名目的対象とは、国家が貨幣を取り上げる直接の対象のことである。しかしこの対象となる個人が、貨幣を提供するために、寄付や贈与や賃金（同じ従業員を維持しながら）を削減するかぎりにおいて、かれは実質的対象ではない。というのも、かれはたんに、その要請にこたえる義務を、ほかの誰かに移転しているにすぎないからである。このほかの誰かが、徴収の実質的対象である。名目的対象は、その義務を別の人に移転する以外の方法で基金を提供するときにかぎり、実質的対象である。現在の観点において重要なのは名目的対象でなく、実質的対象の行動であるということは明白である。政府による一〇〇ポンドの取得は、どのような実質的対象がそれを支払ったかによって、異なる直接の影響をもたらす。徴収があったとき、ある人は以前より多く働くようになるであろう。別の場合には、消費を抑制するであろう。さらに別の場合には、投資を抑制し、また別の場合には、工場の稼働率を低下させるであろう。戦争財務の手段によって、戦争負担の分担は異なる。したがって、この分担を分析することによって、将来世代にどのような結果をもたらすかを、理解することができるはずだと思われるであろう。この考察は見込みがあるように見える。貧者はよい境遇にあるときでもほとんど貯蓄をしないし、維持すべき工場も持っていない。したがって、かれらから戦費を調達すれば、かれらは実際に追加的な労働と個人的節約を行うはずである。しかし残念ながら、このような手段が、その生産性を害し、生産力を阻害する傾向がとくに強いのが、貧者たちである。この反応は最終的に、物的資本に寄与している、より裕福な人々からの調達と同じ程度に、間接的に生産設備を低下させることによって、将来世代にも影響をおよぼすかもしれない。この困難を克服することは不可能である。したがって、さまざまな戦争財務の手段に一般的区別を設け、ある手段が別の手段よりも将来世代に客観的負担を与えやすいとか、与えにくいとか言うのは不可能であるとわたしは考える。

しかし、この否定的な結論でとどまってはいけない。さまざまな戦争財務の手段は、分配の側においてのみ異なるわけではない。借り入れによってある個人から一〇〇ポンドを受け取る場合と、課税によって同じ個人から同じ額を受け取る場合の、それぞれの結果を比較する必要がある。この個人が代表的な個人であり、経済的摩擦が生じないときには、この二つの状況は、この個人にとってはまったく同一である。課税の場合には、その額を現時点で失う。借り入れの場合には毎年五〇ポンドをその後約束されるが、将来追加的な税として五〇ポンドを自分で支払わなければならない。たしかに、緊急事態が生じ、一〇〇〇ポンドの戦時国債を持っていれば、かれは毎年の利息を犠牲にしてそれを売り、現金に換えることができる。以上の議論は、抽象的には有効である。しかしもちろん現実には、経済的摩擦が存在し、個人はよい担保を持っていないかぎり、一〇〇〇ポンドの戦時国債を売るときの容易さで一〇〇〇ポンドを借りることはできない。したがって実際には、緊急事態には、たとえ自分が国債の利子を払うことになるとしても一〇〇〇ポンドの戦時国債を持っていることは確かな利点である。さらに、貨幣を提供する個人にとってのこの借り入れの利点にくわえて、想像上の利点もある。というのも、個人が受け取る利子がみずから支払ったものであるということを、明確に示すことができたとしても、これは一般的には、人々の考えにおよばないであろうからである。したがって、税よりも借り入れのときのほうが、人々は相対的に豊かであると感じるであろう。このため、かれらは追加的な労働や個人の消費の節約によってよりも、投資を削減することによって、より多く貨幣を提供するようになるであろう。したがって、富裕な階級から貨幣を吸い上げるかぎり、課税案よりも借り入れ案のほうが、将来世代により大きな客観的な負担をともなうのである。

別の論点がある。上の段落での議論には、借り入れ手段のもとで貨幣を提供する人々が、戦後に戦時負債をまかなうのに必要な課税と、債務の利子が、お互いに等しいと期待するという想定があった。しかし実際には、国債を通常引き受ける人々の分布（とくに借り入れの額が大きい場合）ほど、きわめて累進的な税方式が歴史上採用されたことはない。したがって、多額の貨幣が必要とされているとき、どのような手段の下でも主要な寄与をすることになる富裕階級は、税よりも借り入れのほうが厳しいものではないと、正しく考えるであろう。したがって、より多く働き、個人の節約を行う誘引は小さくなり、かれらは実物資本を減耗させるような方法に依存するようになるであろう。貧しい階級は、将来に厳しい課税があると予想するとき、状況を正しく理解すれば、課税案よりも借り入れ案のほうが、かれらにとって厳しいものであると理解するであろう。したがって、かれらはより多く労働と節約をするべきであると考えるであろう。しかし現実には、この傾向は、富裕階級の反対の傾向――労働や節約ではなく資本を削減する傾向――よりもはるかに小さい程度でしか生じないということは明白であるし、たとえそれが生じたとしても、貧しい階級の生産能力にたいする損害が生じることによって、それを相殺するかもしれない。全体的に見れば、課税案よりも借り入れ案の下において、資本資源はより大きく減耗し、将来世代がより厳しい負担を受けるということに間違いはない。

つぎに、さらなる困難を議論しよう。戦争中の人々の行動にたいする課税案と借り入れ案の影響の違いや、この違いが将来世代への直接的な客観的負担にどのように反映されるかという問題が、完全に考慮されたと想定しよう。この二つの案の選択は、その直接的な客観的負担の違い以外に、さらなる相違をともなうであろうか。この問いに答えるには、戦時債務の利払いと、減債基金をつうじた元本の支払いとを区別するのが適切である。利子にかんするかぎり、納税者の所得から税として徴収されるものは、戦時国債の所有者の所得になり、したがって、ここで生じるのはたんに社会のある一部から別の一部への所得の移転であり、納税者と戦時国債の保有者が同一であれば、同じコートの一つのポケットから別のポケットへ移転されるのみである。明らかに、この種の所得移転においては、直接的な客観的負担――ほかの種類の負担は別として――はまったく生じない。減債基金をつうじた元本の支払いのために用意された貨幣についてはどうであろうか。これにかんしては、ここまでの議論は適用できないと、主張されることがある。戦時国債の保有者が政府から元本の支払いを受けたとき、その保有者はなんら便益を受けるわけではなく、たんに以前の状態に戻され――新しい投資先を見つけなければならないので、おそらく以前よりも少し悪い状況におかれるかもしれない――、そしてそれゆえに元本を支払うための課税という形での納税者にたいする客観的負担を相殺する要因はまったく存在しないと主張される。セリグマン教授はつぎのように言っている。「将来の納税者にたいする犠牲は、債券保有者に帰する便益によって相殺されるという主張にともなう誤りは、債券保有者に帰する便益は存在しないということを理解し損ねていることである」[1]。スコット教授は、同様の議論で同じ結論に至っている。「かなり大まかに言って、（国内）借り入れの影響は、後世の人々がそれを返済するのに必要な労働量を行う義務を負わされるということにある」[2]。この議論の本質は、戦時国債の保有者にたいする元本の支払いは、主として再投資されることが確実であるので、後世の人々は全体として、元本支払いの過程をつうじてその支払いとほぼ同じ額だけ新しい資本を生み出し、消費を慎むように強制されるであろうということである。仮にこの説明を受け入れたとしよう。しかし、セリグマン教授とスコット教授の言葉が示唆しているように、元本支払いの額に等しい後世にたいする直接的な客観的負担があるというのは、極端な逆説である。後世の人々は、政府の財政手法によって生み出された新しい資本を所有することになる。この資本を無視する権利は、どこにあるのであろうか。それを無視するのは、ある状況で一〇万ポンドを、ヨットの購入や大宴会を開くためではなく、工場に投資するようになった個人が、そうでない場合よりも一〇万ポンド貧しくなったと言うのと同じようなことである。投資ののちにすぐに世界が終わると考える理由があるのであれば、この考えを支持する根拠はたしかに存在する。しかし現時点において宇宙の破滅が目の前に迫っているということはなく、後世の人々はこれまでと同様に、投資の果実を享受することができるであろう。このように、セリグマン教授が主張するように、債券保有者は元本支払いから便益を受けないのは事実であるが、納税者が損害を受けないこともまた事実である。実質的に債券保有者が行うのは、ある額の貨幣を投資することであり、その収益は、納税者にたいするさらなる要請を必要とせずに、将来において債券保有者の状況を一定に保つのに役立つのである。後世の人々には全体として、国内債務の返済によって、ましてその債務の利払いによっても、何らの直接的な客観的負担がかかることはない。

　したがって、そのときどきの人々の行動にたいする影響をつうじた結果を除いて、課税と借り入れ手段のどちらを採用しようと、将来世代への直接的な客観的負担はまったく同じである。利払いおよび元本の返済は、それ自体においては費用ではなく移転であり、どこかで生じた損失は、べつのところでまったく等しい客観的な利益をともなっている。しかし、将来世代への主観的負担にかんして、二つの手段のあいだでの差異が生じないということではない。セリグマン教授とスコット教授が、国内の戦時債務は後世への負担であると主張したとき想定していた——かれらをこのように解釈するのは、かなり寛大な拡大解釈であるが——のは、客観的負担ではなく、主観的負担であると思われる。以下で、主観的負担への影響を考察しよう。議論を単純化するために、債務をまかなうための税として支払う額が、戦時国債の利子や元本返済として受け取る額とちょうど等しいような代表的個人を考えよう。このような個人の場合、利払いのための貨幣は、たんに一つのポケットから出て、別のポケットへ入るので、主観的負担は、客観的負担と同じように無視してよいということは明白である。しかし元本返済のために用いられる税にかんしては、状況は少し異なる。実質的には、代表的な個人から、税として一〇〇ポンドが取り去られ、同じ代表的個人に、戦時国債を返済するために一〇〇ポンドが支払われる。もしこのような移転がなければ、この一〇〇ポンドはかれの可処分所得にとどまり、消費されていたであろうと想定できる。この移転が行われるとき、その過程でその個人が仮にそれを消費すれば、かれの「資本」は以前よりも一〇〇ポンド小さくなり、将来の所得は五ポンド小さくなる。したがって、資本と将来の所得を保つために、代表的個人は、その一〇〇ポンドのうちの大部分を貯蓄し、投資しなければならない。このような状況は、主観的負担と呼ぶべき負担をともなっている。しかし、この議論は、その一〇〇ポンドを貯蓄しなければ、将来の所得が五ポンド小さくなる一方、一〇〇ポンドの戦時債務が定義上返済され、その利払いのための税も必要ではないので、将来の税も五ポンド小さくなるということを無視している。この点を考慮に入れるなら、代表的個人の純所得は、税が取り除かれたのちは、将来においても以前とまったく同じであるだろう。したがって、かれの状況は全体としてまったく損なわれないので、普通であれば消費したであろう一〇〇ポンドを、将来に備えるために貯蓄するとは考えにくい。一般的な富の拡大につれて、かれは、個人的に負担しなければならない税額が減少すると考えるので、税がなくなるという見込みは、利子がなくなるという見込みを相殺しないであろうという返答があるかもしれない。しかしこの返答は無効である。というのも、富と（家族の）人数が、社会全体と同じ比率で拡大するような代表的個人をわれわれは想定しているからである。第二の可能な返答

――国債の借り換えをつうじて税が減少する――は、借り換えは税とともに利払いも減少させるので、見当違いである。したがって、もし全体的な状況を把握することができるなら、代表的個人は、債務返済の結果として主観的負担を蒙ることはないであろうという結論を下すことができる。間違いなく、現実において、個人は全体の状況を把握することができず、資本の損失が将来の税の減少によって相殺されるということを、理解しないということがあるかもしれない。このような場合には、通常であれば消費したであろう一〇〇ポンドの一部を貯蓄するようになり、そのため主観的負担が生じるであろう。これが、セリグマン教授とスコット教授の議論のなかにある真理の種であると思われる。

当然ながら、以上の説明は完全なものではない。というのも、わたしが別の著作で強く促したように、現実には、戦争のために貨幣を徴収するとき、とても大きな額が必要となるので、通常の税制のもとでよりも、はるかに大きな比率の税が富裕な人々から納められるからである。したがって、借り入れが用いられるとき、利払いや元本返済のために戦後に徴収される貨幣が、貧しい人々から、かれらが受け取るよりもはるかに大きな額が取り去られるというのは、現実には確実である。戦時債務を返済するための毎年の所得移転は、このように、相当な程度において貧者から富者への移転をともなう。明らかにこの状況は、後世の人々全体に、大きな主観的負担をもたらす。というのも、一シリングが貧しい個人から取り去られたときの損害は、一シリングが豊かな個人に与えられたときの便益よりも、はるかに大きいからである。しかし将来世代にたいするこの主観的負担は、現実においてほぼ必然的に借り入れ手段にともなうが、政府が現実に通常の税をどのように割り当てるかに依存しており、借り入れ手段自体に内在するものではない。したがって、借り入れ手段と課税手段との純粋に抽象的な比較では、この点は考慮に入れられるべきではない。

ここまでは、将来世代にたいする直接的な客観的負担、およびそこから生じる主観的負担のみを考察してきた。この結論において、借り入れ手段が、将来に間接的な影響をおよぼすということを付け加えるべきである。これは、将来において債務返済の基金を提供するために、大きな継続的課税が必要となることから生じる。この目的で徴収された税は、資源の移転であり消失ではないということは事実であるが、だからと言って、その税が生産に無害であることを意味しない。その反対に、何らかの方法で生産を阻害し、勤勉を萎えさせ、資本や才能を別の場所へ追いやることなしに、長い年月にわたる（それゆえ人々の期待に大きな影響を与える）税によって、大きな金額を徴収することは不可能である。この間接的影響が、どの程度発生するかという問題は、必要な税の大きさや、政府が課す税の種類や、外国との相対的な税率に依存する。しかし、ある程度これが生じるというのは、確実である。このように、将来世代は、借り入れという財政手段の後遺症に苦しむであろう。さらに、課税による財政手段は、戦時中において産業を阻害し、資本逃避を招き、戦後の資本設備を損害するので、将来世代に等しく厳しい負担をもたらすという反論は無効である。戦時中は、愛国心という特殊な動機がはたらき、それによって産業は維持され、また政府の規制によって、資本や頭脳の流出が防がれる。さらに、戦争が短い場合には、戦時に課された税は、通常の税のように長期的に継続するとは期待されないので、生産には強く悪影響をもたらさない。将来世代にたいする課税および借り入れによる戦争財政の相対的影響を議論する上で、最後の論点はきわめて重要な考慮が与えられるべきである。

注

（1） *Annals of the American Academy*, January, 1918, p. 64.

（2） *Economic Journal*, September, 1918, p. 258.

第6章　節約と浪費

本質的にはまったく当然のことではあるが、混乱と誤解に覆われた問題を今日は議論する。この問題にたいする誤解は、深刻な結果をともなって、政府の政策に影響をおよぼしている。これは、研究者のあいだではほとんど論争の余地のない、きわめて単純な真実を、一般向けに説明することのできるよい事例である。政治や報道の経済的無知の事例を皆さんの前に提示することで、この講演を面白おかしくすることは容易であるが、それは控えようと思う。というのも、これらの宝石を拾い集める過程は退屈なものであるし、直接的に正しい議論を行うほうが皆さんやわたし自身の潜在的な混乱を解消するのに効果的であると思うからである。

まず一国の生産資源という概念に議論を集中させる。以前からある古典的な形式では、それは土地、資本、労働で構成される。その生産資源は、この三つの要素、あるいはより適切に三つの要素のグループにかんして、あるストックを有する。このストックのうち活動的あるいは利用されている部分は、減価償却を考慮すれば、毎年のフローとして、ある量の実質所得を生み出すものであると理解することができる。この実質所得は、二つの部分から構成される。現時点での消費のための財やサービスと、資本ストックへの純追加分である。現在の議論の目的からは、以上のような大まかな定義で十分である。生産資源が、一日当たり一定の時間、利用されていないということを考慮に入れる必要はない。これを無視して、一日当たりの利用時間を所与として、ある生産資源がその時間だけ利用されているか、あるいはまったく利用されていないかのどちらかしかないと考えたとしても、議論に問題は生じない。さまざまな生産活動において、土地、資本、労働のそれぞれの生産資源のグループが、異なる比率の働きをするということにもとくに注意をはらう必要はない。以下では、全体としての生産資源のストックについて議論しよう。

第一に予備的な論点について。実質所得は、現在の消費のための財と資本ストックへの追加分からなると上で述べた。消費財のストックがつねに同じ水準にとどめられれば、現在の消費のための財は消費財の生産と等しくなり、資本ストックへの追加は投資財の純生産と等しくなる。しかし、消費財のストックが増加したり減少したりすることはありうるし、実際にある状況においては生じることである。消費財ストックが増加する場合には、現在の消費のための財は、消費財生産のすべてではなくなり、資本ストックへの追加は資本財の純生産以上になる。消費財ストックが減少する場合には、これとは反対のことが生じる。つまり、消費財ストックが変化しているときには、生産資源は、その資源にたいする雇用をまったく変えないが、現在の消費のための財の生産から資本ストックの追加へ、あるいはその反対に向けられる。しかし、これは付随的な議論であり、われわれの目的においては、消費財ストックの変化を考える必要はとくにない。消費財ストックは一定であると考えよう。さらに、生産途中の財のストック――運転資本（working capital）――も一定であると考えよう。このとき、現在の消費のための財は消費財生産と等しくなり、資本ストックへの追加は資本財の純生産と等しくなる。これは、わたしの議論の本質的な部分には影響しないが、その説明にともなう複雑な議論を避けることを可能にしてくれる。

以上の前提をもとにすると、資源の主要な利用方法のあいだで、変化が生じる三つの形態がある。第一に、これまで消費財を作るために用いられていた資源が資本財を作るために移転される、あるいはその反対に資本財を作るための資源が消費財生産に向けられる。第二に、消費財を作るために用いられていた資源が雇用されなくなる、あるいはその反対に、あらたにそれに雇用される。第三に資本財を作るために用いられた資源が雇用されなくなる、あるいはその反対に、あらたにそれに雇用される。第一の種類の変化が生じる場合には、実質所得の総量は変化しないが、その構成が変わる。第二の種類の変化が生じれば、実質所得のうち消費財の部分の総量は変化するが、資本財の部分は変化しない。第三の種類の変化が生じれば、実質所得のうち資本財の部分は変化するが、消費財の部分は変化しない。

ここまで生産資源の利用手段を、消費財生産と資本財生産という二つの一般的なグループに分けた。いわば外部から、これら二つのグループを考慮し、各グループにさらに、多数の下位グループが存在するという点を無視した。この点を考慮に入れるなら、これまでの議論に追加することがある。特定の種類の消費財生産に向けられている資源の量がほかの種類の消費財の生産に新たに向けられれば、それらの各消費財生産に向けられる資源の量はもちろん変化する。同じことは、特定の種類の資本財にかんしても言える。これはもちろん、消費財全体や資本財全体にかんしてわたしが述べたことと矛盾しない。以上の点は拡張であり、修正ではない。

以上の予備的議論をふまえて、事実の描写から原因の考察へ移る。中央政府がすべての生産資源をコントロールする計画経済においては、そこで起こるすべてのことの要因は、少なくとももっとも重要なものにかんしては、政府の指令である。しかし、ロシアを除けば、生産資源の用途はこのような直接的な方法では決定されない。それは、多数の民間人や公的当局の独立の計画が、貨幣需要という仲介をつうじて相互に作用した結果である。最後の段階で生じていることは単純明快であるが、それを生じさせている過程はより複雑である。大衆がこれらの過程を理解しようとするとき、混乱が生じてきた。一度誤解が生じると、それは因果関係のみならず、単純な根本的な事実にもおよんでしまうのである。

わたしが思うに、もっとも簡単なアプローチは想像上の経済から議論を始めることである。ある一定量の生産資源が存在し、そのすべてが名目価格にかかわらず継続的に雇用されるとしよう。専門用語を用いればこれは、その資源の供給が完全に非弾力的である状況である。この状況では、貨幣所得を誰がどのように使おうと、雇用される労働および資本の総量は一定である。もちろんこのときには、貨幣所得の率が変化する可能性はあるが。唯一可能な選択肢は、異なる種類の事業のあいだで生産資源がどのように利用されるかということだけである。社会が貨幣を消費財と投資財にたいして費やす比率と同じ比率で、消費財と投資財が生産されるように、資源が配分されるであろう。社会が全体として、貨幣所得のうち例年よりも多くの比率を資本財に費やせば、投資財をつくるための生産資源の比率は、それに適応するように拡大する。絶対水準において、貨幣所得のうちいくらを消費財と投資財にあわせて費やすかということは重要ではない。たとえば、貨幣所得の半分を保管しまったく使わなかったとしよう。ここでの想定では、これは何も変化させない。重要なのは、利用される分の貨幣所得が、それぞれ消費財と投資財に用いられる比率である。

このような想像上の経済においても、生産資源が浪費されているということを明確に指摘することが可能である。外国との取引を除けば、以下の三つの浪費が考えられる。第一に、技術的浪費が考えられる。それは、生産資源が無能な方法で運用されており、理にかなった手段を用いればより大きな生産を行うことができるということである。第二に、生産資源が、あるものを作るほうが有利であるのに、別のものを作るために用いられているとすれば、それは浪費である。たとえば、わが国の生産資源が、過剰に直接消費のための財を生み出すために用いられており、資本設備のストックには過少にしか配分されていないと考える人がいる。また、物質的な財に過剰に配分されており、教育や研究に十分配分されていないと考える人もいる。さらに、生産資源が過剰に教育に向けられており、陸軍、海軍、空軍に十分に向けられていないと考える人もいる。第三に、国民のある一部の必要を満たすために過剰に生産資源が用いられており、別の人々の必要を満たすためには十分用いられていないという意味で浪費と言われることがありうる。貧しい人が飢えているのに、豊かな人が過剰に食事をしているような状況では、生産資源からの利益が不適切に分配されているので、生産資源が浪費されていると言うべきである。現在の想定では、これら三つのみが、社会がその生産資源を浪費しているとして、明確に非難されうる状況である。

しかし、この想定を取り去り、社会の生産資源がつねにすべて利用されるわけではないということを認めると、かなり異なった種類の浪費が生じてくる。すなわち、生産資源を最善の方法で利用していないということではなく、生産資源の一部をまったく利用していないという意味での浪費である。長期の競争均衡という観点では、経済に生じうる変化にたいして完全な調整が行われると考えるので、このような状況は定義上、除外される。経済学者が長期的傾向を議論しているときには、かれがこれを無視することは許される。しかし、このような慣行は、この種の浪費が——事実を知る人には見かけにすぎないと思われるだろうが――短期的問題の分析においても無視できるという大衆の推論を促してしまっている。この推論の延長で、実務的な人物が、この種の浪費が生じえないのであればもっともな政策を強制し、ある状況でこの種の浪費を促進してしまったことが過去にあった。

ここで問題となっている過誤は、容易に明確にすることができる。政府や公的当局が国内で貨幣を借り入れ――ここでは対外債務にかかわる複雑な問題は無視しよう――、住居や鉄道や路面電車などを建設するために、その貨幣を利用したとしよう。そして、これらの建築物が債務にかかわる利子を支払うのに十分な収入を得られないということがすぐに分かったとしよう。貨幣の大部分が、回収不可能になり失われてしまったとか、これらの事業に貨幣を用いることは完全な無駄であったとか言われるであろう。これにたいして、われわれはどのように答えることができるだろうか。ここで、重要な区別をする必要がある。貨幣自体が失われたり、浪費されたりすることはありえない。このようなことが生じたと言うとき、その貨幣が購入した実物資源が浪費されたということのみを意味する。のちに利子を支払うことができないと分かったとき、それは、資源が浪費されたことの証拠であろうか。その答えはきわめて単純である。もし、これらの資源が、公的な事業に利用されなくても、利子を生み出したであろう資本財の生産や直接消費のための財の生産に雇用されていたのであれば、公的な事業で期待した収益率を生み出せなかったことは、生産資源が無駄に利用されたことの証拠である。そのような利用を控えることは、浪費の反対という意味で、本当の節約である。しかし、これらの生産資源を公的な事業で利用しなかった場合、その資源がまったく利用されなかったとすれば、事情はまったく異なる。期待された収益――債務にかかる利子の支払いに十分な収益――を生み出さなかったということは、社会全体における無駄があったことの証拠にはならない。たとえわずかであろうと、いくらかの利益を生み出すかぎり、それらの資源がまったく利用されていないときよりも、社会はより裕福になっている。どのような状況でもすべての生産資源が完全に利用されると想定するなら、通常の収益をもたらさない用途を浪費として非難してもよい。しかし、生産資源の一部がさもなければ利用されなかったのであれば、収益率がゼロ以下であるときのみ浪費として非難することができる。

現実においては、特定の政策が、ある状況では利用されない資源という意味での浪費を生み出さないにもかかわらず、別の状況では反対に、それを生み出すことになる場合がある。〔第一次〕大戦中においては、大まかに「節約」と呼ばれたものは、そのような浪費を生み出さなかった。現在の大不況期には、まったく異なる状況が生じており、そこでは同じことが、以上の意味での浪費を生み出した。大戦が大不況の前に起こり、そこで節約が国家の利益になったので、大不況が訪れたときと同じ治療法が、まったく異なる病気にたいして処方されたのである。診断における根本的過誤は、第一の病気においては生じえない種類の浪費に、第二の病気の患者がおちいる傾向があるということを見逃したことであった。

この議論を発展させる上で、節約をする人自身の観点から、節約が何を意味するのかという問題を議論する。日常的には、民間人か公的当局かにおうじて、節約は二つのものを意味する。まず民間人の節約から論じる。民間人は、一週間あるいは一年当たりで消費財に以前よりも少ない金額を支出すれば、節約していると通常言われる。投資財を購入するのに以前よりも少ない金額を支出しているときには、節約しているとは通常言われない。一般的に言うと、①税引き後の名目所得が以前よりも小さいとき、あるいは②この名目所得が以前と同じで、新しい資本財により多くの金額を支出したとき、あるいは③既存の資産を購入したとき、④現金であれ銀行口座であれ、貨幣残高を増やしたとき、民間人は節約している。さらに、税引き後の名目所得よりも消費支出が少なければ、すなわち、その余分な所得を上の四つの用途のうちの後者三者に用いているとき、貯蓄をしていると一般に言われる。このように、もし税引き後の可処分所得が一定であれば、節約と貯蓄はお互いに同じことである。しかし、もし税引き後の可処分所得が減少しているなら、貯蓄をせずに節約する場合があり、可処分所得が上昇しているなら、節約せずに貯蓄する場合がある。以上が民間の個人の節約である。対照的に、公共団体は、消費財および投資財にたいする名目支出の合計が以前よりも小さければ、節約していると通常言われる。そしてこれは、その支出が借り入れによってまかなわれていようと、税によってまかなわれていようと関係ない。このように、大まかに言って、公的当局の節約は、税や借り入れをつうじて当局に流れ込む支出可能な貨幣の量に同じだけの減少をもたらす。民間の個人と公共団体がともに節約しようとしているとき、その意図は、一方で公共団体が税であれ借り入れであれ民間人から少ない金額を徴収しようとしており、他方で民間人が消費財の購入に少ない金額を支出しようとしているということである。このような状況が、さまざまな条件の下でどのような結果をもたらすかを以下で分析しよう。

このような状況は、直接の統制を行う政府のようには完全ではないのは明らかである。そのような政府は消極的選択や宣伝活動によって特定の活動に反対するだけではなく、別の活動を強制する。節約キャンペーン（わたしが使おうとしている意味での節約）は消極的な側面があるが、それに並列するべき積極的な側面はない。公的当局は、所得目的や資本目的にかかわらず個人から以前より少ない貨幣を徴収しようとする。個人は消費のために少ない金額を支出しようとする。このとき、個人および政府が節約したお金を個人がどのように利用するかを知らないかぎり、上のような節約がどのような影響をもたらすかを言うことは不可能である。地方自治体が一〇〇〇ポンドに相当する生産資源を利用するのを停止し、それにともなって地方税を切り下げたとき、納税者はこの余分な一〇〇〇ポンドを利用されていた資源やそれと同等なほかの資源を利用するために支出するであろうか。地方自治体が、新しい建設事業のために一〇〇〇ポンド借り入れる計画を中止したとき、これは、ほかの誰かが一〇〇〇ポンドの借り入れを行い、それによって生産資源を利用したことの結果として生じたのだろうか。民間の個人が一〇〇〇ポンド少ない消費を行うようになったとき、その人は、自分であるいは第三者をつうじて、一〇〇〇ポンド多く投資財を購入するようになるだろうか。これらの問いにたいする答えがすべて肯定的なものであれば、生産資源を全体として利用するのに、節約キャンペーンがないときに支出されていたであろう金額と同じだけが支出される。そして、生産資源への支払いの率〔賃金率や利子率〕が一定であれば、同じ量の生産資源が利用されるであろう。用途間の移転は生じる。新しい用途が古い用途よりも不利なものであれば浪費は存在しうる。また、新しい用途が古いものよりも有利であるという意味で浪費の反対もありうる。しかしいずれにせよ、このときには別のより根本的な意味での浪費は存在しない。つまり、生産資源が利用されないまま放っておかれることはない。しかし、民間人や公的団体の節約によって浮いた貨幣が生産資源を利用するために支出されなければ――当面は生産資源にたいする支払いの率が削減される可能性については除外する――、利用される生産資源の総量は減少し、この根本的な意味で浪費が生じる。節約キャンペーンはそれ自体においては、浮いた貨幣をどう利用するかを人々の自由な選択にまかせる。人々がそれをどのように利用するかは、そのときの環境によって提示されるさまざまな選択肢に依存する。したがって、どのような環境がそのときどきに生じているかを知らないかぎり、節約キャンペーンが二つの種類の生産資源の浪費にどのように影響するかを予測することは不可能である。

大戦期に存在した状況をまず考えてみよう。中央政府は大衆が使わなかったお金をすべて借り入れによって受け取り、戦争遂行のために必須であると考えられたさまざまな品目をつくるのに生産資源を利用した。したがって、節約キャンペーンは、利用しないままにするという意味での生産資源の浪費にはつながらない。たしかに、浪費が存在しなかったというだけでなく、これまで利用されていなかった多量の生産資源が利用されるようになった。人々は余暇の代わりに労働を行い、退職を延期し、異例の若さから働き始め、長い労働時間と臨時のシフトに耐えた。さらに、節約キャンペーンは、より緊急性の高い用途が資源を要求しているにもかかわらず緊急性の低い用途に利用されているという意味での浪費を防ぐことが可能であった。多量の資源が、ほかの用途から軍事目的のために転換された。節約キャンペーンは、実際に大戦中に行われたように、民間人が自分のために投資財を購入する——家屋を改装するなど——のを抑制する別のキャンペーンとともに、政府が意図する目的に適切に運用された。その目的は、この国の、可能なかぎり多くの生産資源を戦争遂行に資する用途に向けるということであった。当時の節約キャンペーンは、大規模な臨時的政策に必然的にともなう過誤や愚かさにもかかわらず、その目的にたいして有効であった。目的が明確に設定され、選択された道程はその目的地に導いた。

つぎにこの状況から大不況における状況に目を移そう。このような状況において宣伝活動や政府の直接の命令の結果として、地方自治体が住宅や水泳プールを建設するための債務を募ることを中止すれば、それによって同じような額の債務を何らかの目的のために集める人が出てくる可能性は小さかった。自分のことを愛国的な人間だと考えている民間人が庭師や運転手を解雇したり、ネクタイの購入を控えたりすれば、かれはそれにともなって、自分で、あるいは第三者をつうじて、より多くの投資財を購入する見込みはほとんどなかった。この状況で、労働者や資本設備の所有者が受け取る支払い率（賃金率や利子率）が、縮小した名目需要とともに減少しないかぎり、節約キャンペーンは必然的に、生産資源が利用されないままになるという意味での浪費をもたらした。

この議論に反論して以下のような主張がときどきなされる。すなわち、民間人は、かれら自身あるいは地方当局の節約の結果として、より多くの貨幣を保有することになるにもかかわらず、消費財にも投資財にもそれを使わないのであれば、かれら民間人は、直接にあるいは資産購入の仲介者をつうじて間接に、それを銀行に預け、そして銀行は通常の機能としてその貨幣を第三者が利用するように貸し出す。このもっともらしいが、誤りである議論は、ロバートソン氏の著作によって完全に棄却された。銀行にある貨幣量――銀行預金――は、ある口座の利用者がそれを何かを購入するために他人に渡しても、使わないまま自分の手元においていても、同じである。生産資源を利用する支出の総額は、銀行預金の量が変化したから、減少するのではなく、銀行預金が所得に転換される速度が減少したから、減少するのである。この速度の減少過程は、誰かがそれを引き起こすような行動をした場合、銀行の行動によって自動的に修正されることはない。このため、ひどい不況の時期には銀行預金にたいする貨幣所得の比率は、経済が活発な時期よりもはるかに小さくなるのである。これは、直感的にも明らかである。というのも、ある人の名目支出の減少が別の人の名目支出の拡大をともなうという大衆的な分析が有効であったとすれば、以上のような景気変動はまったく起こりえないはずだからである。不況期の節約キャンペーンは直接的に生産資源が利用されない状態にしてしまうことで浪費を生み出すという単純な結論は、この種の大衆的純粋理論によっては覆されることはない。

別の返答──全面的ではないにしても、部分的な不況期の節約キャンペーンにたいする擁護論──が提示されることもある。民間人による節約と地方自治体による節約に明確な区別をする人は多い。前者の節約は間違いであるとその人たちは考えているが、かれらは後者を強く正当化しようとする。このような区別をすることに正当な根拠は存在するであろうか。もちろん、人々の所得が減少したとき、自治体の地方税からの支出が維持されれば、食品や衣料品のような民間財の購入と街路の清掃などのような公共的な財の購入のあいだでの所得の分配が不適切なものに変更されると主張することは正当である。というのも、表面的には所得の減少にともなう支出カットは両者に分担されるべきであるにもかかわらず、そのすべてが民間財にふりかかるからである。自治体の節約によって浮いた貨幣が実際に納税者によって民間財の購入に利用されると確信できるのであれば、この議論には説得力がある。しかし、地方自治体の節約を主張する人たちはこの点を主に議論しているわけではない。かれらがとくに削減したいと思っている支出は、自治体の債務にもとづいた資本項目（住宅、水泳プール、美術館など）への支出である。議論は主として、この種の地方自治体の節約にかんして生じている。

まず明確にしておくべき論点がある。大不況期に自治体の活動を制限することをとくに強く要求している人々のうち少なくとも一部は、カナン教授によると、民間会社がお金を借りて住宅を建設するとそれを資本の建設として賞賛するのに、自治体がまったく同じことをすると、債務の蓄積として非難する人々である。会社にかんしては、かれらは住宅、つまり資産しか見ないが、自治体にかんしては借金の負担、つまり債務しか見ない。意識してなのか、無意識なのか、この人たちは、節約という言葉が出回っていることを利用して、不況の特別な状況とはまったく関係のない一般的政策を推進するためにその言葉を使ってきた。しかし、これは問題を取り違えている。自治体の活動の一般的なメリットとデメリットが議論されていない。重要な問題は、不況期における自治体の資本支出削減が、あらゆる状況における自治体支出の項目としてではなく、不況にたいする解決策として意味があるかどうかである。

表面的には、資本項目にたいする自治体の支出削減は、不況対策としては、消費財にたいする民間人の節約よりもさらに避けるべきことであるように思われる。というのも、後者の節約は投資財への個人の支出増加によって相殺される可能性があるが、自治体の節約は不況期に行われれば別の相殺要因が働くということはきわめて可能性が低いからである。しかし、この政策を主張する人々は何らかの根拠を持っているにちがいない。それが何なのかを考える必要がある。わたしが思うに、この問題の根本はつぎのことである。もし、われわれが社会全体という観点ではなく、そのうち、自治体による住宅や水泳プールの建設によって雇用される労働や資本装備の所有者以外の人々の観点をとれば、これらの住宅や水泳プールが、それを作る人々によって費やされるお金に見合う価値がないと主張することが可能になる。言い換えれば、大衆のうち有徳な人たちは、すでに所得を獲得する手段を持っているので、自治体の大盤振る舞いがなければ雇用されない有徳でない人たちの利益のために損失を蒙らなければならないであろう。もし不況期における自治体の事業の継続が本当にこのような側面を有するなら、これはむしろ自治体の支出削減を支持する論点とみなさなければならないであろう。というのも、ある大富豪が夕食に一〇種の料理を用意することのほうが市水泳プールを持つことよりも重要であると考えるなら、かれを論駁する論理は存在しない。しかし、われわれの目的においては、かれを論駁する必要はない。通常の状況における自治体の投資水準が（その最終単位において）その費用に見合ったものであるなら、不況期にもをそれを維持する根拠は、この大富豪の視点から見ても、十分なものである。好況期においては、この投資水準が減少しても、雇われなくなった労働者は別のところで雇用される可能性が高い。失業が増加するということにはならない。他方で、不況期には職を失った労働者、あるいはそれと同じ数の別の労働者は、ほぼ確実に失業者になる。イギリスの法律の下では、かれらには失業給付が支払われる。社会のなかのほかの人々――現在の想像上の大富豪――は、かれらの賃金を使わずにすむわけではなく、たんにその賃金からこの相当な額を引いた分だけ使わないことになる。わたしの想定するような状況では、この浮いた金額が、自治体の公共投資が縮小しなければ雇われていた人が製造したものの価値を相殺するというのは明らかにきわめて考えにくいことである。要するに、不況期においても、好況期においても、自治体による公共投資を拡大することには明確な利点が存在するのである。好況期には、雇用されている限界的な労働者の生産物がかれの賃金に見合うとき自治体の利益にかなう。不況期には、同じ労働者の生産物が、かれの賃金から失業給付の額を引いた金額、すなわちかれの賃金の三分の二に見合うとき自治体の利益にかなう。経済学者のなかには、貸方の別の項目として、自治体の活動によって所得が拡大した人々からの税金の増加を加えるべきだと主張する人もいる。予算という限られた視点から見れば、これは適切である。しかしより広い視点で見れば、この利益は移転であり、意味のあるものではない。しかし、いずれにせよこれはとくに重要な論点ではない。以上の議論は、最後の点がなくても、筋が通っている。

しかし、これが筋が通っており、わたしが述べてきたことが真実であれば――以上の議論は必ずしもすべてが経済学者の合意にもとづいているわけではないので、わたしの議論を鵜呑みにしないように警告しなければならない――、過去数年間の節約キャンペーンが一体どうして採用されるようになったのだろうか。以下は仮の提案である。大不況に直面した政治家は、大戦期の政治家とは異なり、単純で明確な目標が存在しないという不利な状況に影響される。産業を軍隊を支持するために利用することはたしかに困難であるが、その目標は少なくとも明確である。しかし大不況は、切り落とすべき頭が目に見えているドラゴンではない。それは、悪臭を放つ瘴気であり、急所がどこか分からないのである。政治家は何をすべきであったのだろうか。大不況が単体で襲ったのであれば、どれほど独創的な政治家であっても節約キャンペーンを立案しようとは思わないであろう。その主要な症状が人々が消費したり、投資したりしなくなっていることであるような病気に、さらに消費したり投資したりしなくなるように宣伝活動を行うことによって対処しようと考える政治家はいないであろう。しかし、大不況は実際には単独では生じなかった。それはポンド危機をともなっていたのであり、ポンド危機はさらにこの国の財政の健全性にたいする不信感にもとづいていた。ポンドの危機を防ぐためには公財政の状況を改善する必要があると——おそらく適切に——信じられた。この目的を実現するための明白な手段は、中央政府による支出削減という意味での節約であった。こうして、節約という考えがこの国の統治者たちの意識に入り込んだ。しかしこの節約は、中央政府の支出の大幅な削減によって、地方自治体の支出の削減だけでなく、少なくとも消費財への私人の支出の削減もともなうように急速に発展した。たしかに抗議の声は上がった。通貨の問題を考えれば、海外からの購入を制限するように個人に促すことに意味はあるが、国内で支出を抑制するように促すことにはまったく意味がないということが指摘された。しかしこれは、抽象的で、非実用的な議論であった。このようにして、大戦期の前例にのっとった本格的な節約キャンペーンが現れた。金本位制が放棄され、海外からの購入にかんする節約キャンペーンの根拠が著しく弱まったときにも、その圧力は緩まなかった。なんと驚くべき、愚かしい状況であろうか！　節約という言葉の二つの意味のあいだでの混乱から生じた政策とは！　初等の経済学にかんする国民的教育はいまだ不十分である。

最後にもう一つ付け加えることがある。節約キャンペーンは主として、生産資源にたいする名目支払い率〔賃金率と利子率〕が一定であるときに名目支出の削減を目指すものだと暗黙に想定してきた。近年の節約キャンペーンは、一般的に言ってこのような性格のものである。たしかに、その一環として中央政府は公務員や小学校教員にたいする給料を引き下げた。しかし、この職業につく人の数は、給料の額にかかわらず固定されているので、政府の政策のこの種の反応はほかの種類の反応と大きく変わらない。まったく異なる種類の節約キャンペーンを想定することができる。すなわち、より多くの労働者が雇用されるように、労働や資本にたいする支払い率の削減を実現することによって不況に対応するような節約キャンペーンである。この政策は、もし実際に導入することができるのであれば、ある制限の範囲内において、不況にたいする重要な解決策になるであろう。失業という浪費を有効に縮小させるであろう。この点にかんしては、尊敬に値する著作家のあいだでも反対の意見があることを指摘しておく必要がある。したがって、こうしてわたしの意見を述べるけれど、それが議論の余地のないものだと言うつもりはない。いずれにせよ、この論点はこの講演で論じてきたものではない。

第7章　インフレーション、デフレーション、リフレーション

インフレーションという言葉をつかう論者は一般にその言葉の意味を正確に定義しない。一般的な意味は、「通貨や銀行貨幣の量の急速すぎる上昇」、「通貨の余剰」、「銀行貨幣の余剰」などである。しかし、この種の定義はすべて、「急速すぎる増加」や「余剰」を示していない何らかの架空の貨幣的状況を暗黙に示唆しており、この架空の状況が正確に表現されないかぎり、以上の定義はあいまいである。したがって、インフレーションのまったく存在しない貨幣的状況がどのようなものであるか、あるいはより具体的に表現するなら、インフレーションが存在するかしないかを確信するためにどのような基準を満たさなければならないかを考察する必要がある。

この用語は、直接、物価にかんして利用することが可能である。通貨や銀行貨幣を十分に収縮させることで、物価の上昇を抑制することはつねに可能であり、それらを十分に拡大させることで物

価の下落を止めることができるという理論によれば、一般物価――なんらかの認められた方法にしたがって算出された物価――が上昇しているとき通貨や銀行貨幣が必要以上に膨張しており、一般物価が下落しているときにはそれらは必要以上に収縮しているという言い方をする。しかし、このような用語法は、たしかに一定の便利さがあるが、慣習的なものではない。というのも、ほとんどの人はインフレーションについて語るとき、「貨幣の失敗」をぼんやりと思い浮かべるが、一般物価の変動は明らかに「商品の失敗」であり、貨幣がそれ自体において何らの影響ももたらしていないのに、別のところで起こった変化をたんに修正あるいは相殺しなかったときに貨幣が「膨張している」と言うのは、矛盾しているからである。したがって、インフレーションは、貨幣が、たとえば商品が深刻な不足におちいっているときの物価の上昇をおさえるのに失敗したということを意味するのではない。もしそうでなければ、貨幣量が急速に収縮していたとしてもインフレーションが生じていると言わなければならない場合が生じるであろう。

通常の用法にしたがうなら、インフレーションという言葉を以上の意味で使うべきではない。インフレーションが生じているときの必須条件は、貨幣量――銀行貨幣および現金――が拡大しているということである。同時に、インフレーションは通常用いられるように、拡大とまったく同義ではない。通常の景気循環の上昇過程において、あるいは休暇の時期の経済活動の上昇期でさえ、大衆に利用可能な貨幣量は必ず拡大する。通常これは、インフレーションとは呼ばない。要するに、すべてのインフレーションは拡大であるが、すべての拡大は必ずしもインフレーションではない。人間の胴回りは、子供から大人になったときにも、ビールを一樽飲んだときにも拡大するが、第二の場合のみ膨張と言う。それでは、どのような拡大がインフレーションとみなされるべきなのか。銀行家が法律や慣習に従っている現代社会では、銀行および貨幣機構への公然の政府介入をともなう拡大と、そうでない拡大を区別することができる。銀行貨幣の量が景況感の向上という要因で拡大するとき、銀行および紙幣発行システムにたいする通常の法的枠組みがすべて一定であれば、どれほど大きな拡大がそのときに生じたとしてもインフレーションは生じない。インフレーションは、政府による銀行および貨幣制度への明確な介入行為で、貨幣的拡大が生じたときにのみ起きるものである。この定義は、一般的な概念にうまく適合するが、次のような二つの問題がある。

第一は、貨幣および銀行制度への政府介入という概念が不明瞭であるということである。たしかに政府の行為のある種のものは、明らかにこの意味での介入ではない。銀行からの政府の借り入れは、政治的保証をともなわず通常の事業の範囲においてなされるときには、介入とは言わない。政府の行為のほかの種類のものは、間違いなく介入である。第一次大戦中に一ポンド一〇シリングの戦時紙幣（Treasury notes）を発行したのは、この範疇に属する。しかし、この二つの極端のあいだに大きな不明瞭な領域が存在する。たとえば、政府は銀行から借り入れたり、あるいは金融政策を実行するのに銀行の助けを求める。銀行がこの要求におうじるとき、その結果として銀行が困難におちいれば、政府がさらに戦時紙幣を発行するなどの方法で面倒を見るという暗黙の了解を生み出す。また政府は大戦中、この国で保有されているアメリカの証券を徴発し、為替を維持するためにそれを用いることによってイングランド銀行の正金流出を止め、そうでないよりもはるかに多くの預金量を安全に維持することを可能にした。これはもちろん、民間の所有権にたいする厳格な介入である。しかしこれは、貨幣および銀行制度への介入であると言えるであろうか。また、戦時紙幣とひきかえにイングランド銀行に金兌換を要求することは「非愛国的」であるというプロパガンダを政府が行うときには、その種の介入であると言えるであろうか。絶対的に厳密な原則でこのような質問に答えることは不可能である。

第二の問題は、銀行法は国におうじてその柔軟性が大きく異なるという事実に起因するものである。たとえば、一九二八年以前のイギリスでは、イングランド銀行は、銀行認可法が停止されないかぎり、一定の額以上に非兌換紙幣を発行することができなかった。その法律の停止は通常の法律体系への明確な介入である。大戦以前のベルギーでは、銀行認可法と同様の法律が存在していたが、ある条件のもとで財務大臣がその法律を停止することが可能であった。一九二八年の通貨法によって、イングランドでもこの制度が導入された。財務大臣がこの条項のもとで行動するとき法律体系への介入は存在しない。ただしこのとき、通貨および銀行制度への政府介入が生じたと言えるであろう。また、戦前のドイツでは、通常の制限をこえた通貨発行量の拡大は、行政側の行動がなくても、追加的な発行量にたいして特定の率の税を支払うという条件のもとで認められていた。この事例においては、政府の介入という要素はまったく存在しない。以上で問題は明らかになったであろう。インフレーションの定義が、任意の時点での銀行や通貨の状況が通貨や銀行への政府介入によってもたらされているかどうかに依存するなら、まったく同様の状況がある国ではインフレーションとなり、別の国ではインフレーションではなくなってしまう。また、同じ国であっても、現在「インフレーション」であるものが、法律の変更によって将来にはインフレーションではなくなる。明らかにこのような変化に影響される定義は望ましいものではない。

以上の点を考慮すれば、唯一の納得のいくインフレーションを定義する方法は、通貨や銀行への政府介入とみなされるべきさまざまな行動の表を作成し、それらの行動の結果をインフレーションと呼ぶ方法である。こうして、インフレーションという言葉に正確な意味を付与することができる。しかし、それが価値ある方法かどうか疑わしいとわたしは思う。いずれにせよ、わたしはそれを行うつもりはなく、このきわめて基本的な用語にあいまいさを残しておく。

インフレーションという概念の境界は以上のように明確には固定していないが、そのあいまいな境界の内部において二つの種類のインフレーションのあいだには明確な区別が存在する。あるいは、インフレーションを通貨の病と考えるなら、この病がとる二つの明確に異なる経路が存在する。根本的な問題は、大衆が逃避行動を取るか、すなわちかれらが政府貨幣を信用しなくなり、何か別のものを貨幣として保有しようとするようになるか、それとも物価の上昇は一時的なもので、すぐに元に戻ると考えるかである。ドイツの大インフレーションの初期段階では、人々の態度は後者のようなものであった。ドイツ・マルクからの逃避は存在しなかった。それどころか、多くの投資家が物価の上昇を見てマルクを買った。貨幣の循環速度は減速した。すなわち、貨幣量の拡大よりも物価は小さい比率でしか上昇しなかった。しかし、大インフレーションのより後期の段階では——ルール地方の受動的抵抗を支援するための多大な財政的負担をともなって——、この態度は一転した。人々は破綻をおそれ、マルクから逃避した。貨幣の循環速度は大いに上昇した。物価は貨幣量の上昇よりも高い比率で上昇した。この病は累積的なものとなり、強化されていった。死で終結する貨幣の病、加速的インフレーションとなったのである。しかし、インフレーションがつねに加速的インフレに発展するとはかぎらない。フランスではそれは起こらなかった。フランは金にたいして五分の四の価値を失ったが、フランからの逃避は生じなかった。大惨事が生じるかどうかは部分的に政治家のふるまいや、ときにはその身振りに依存する。ポワンカレの人柄がフランの信任の支えになった。しかしもちろん、加速的インフレが生じるかどうかは環境条件により強く依存する。ルール地方を支援するための過大な財政負担、敵対的な環境で敗戦賠償金の解決が不可能だと思われたこと、それらがマルクを崩壊させたのである。一九三一年八月にイギリス政府は、もしイギリスが金本位制を離脱すれば、ポンドは確実にマルクのように暴落し、物価が未曾有の高さまで上昇すると頻繁に警告したが、この予想はのちの事実が示したように完全に根拠のないものであった。

　インフレーションの意味については以上である。デフレーションの意味についてはどうであろうか。これはたんに、インフレーションの反対であろうか。一般的に言えばそのとおりだとわたしは思う。たしかにあらゆる貨幣量の縮小を、ましてあらゆる物価水準の下落を、デフレーションとわれわれは呼んでいるわけではない。通常の景気循環の下降局面に生じる縮小はデフレーションではない。しかし、縮小が正常な経路以外の、政策による意図的な行動に起因する場合には、それはデフレーションである。この場合の政策は、インフレーションの場合と異なり、政府よりも中央銀行の意思に帰せられる。しかし、これは現実的には本質的な違いのない区別である。そのような問題については中央銀行と政府はほぼ確実におたがいに軌を一にする。この国の最近の事例では、確実にそうであった。イングランド銀行が一九二五年以前にポンドをドルとの平価に戻すために高い金利を維持したとき、結果として生じた貨幣量の縮小はデフレーションである。一九三一年の金本位制離脱ののちに、為替を維持するために公定歩合を六パーセントに維持したときにも、デフレーションは生じた。一部の経済学者はさらに、政府が過去二年間において地方自治体が支出のための借り入れを行うことを禁じることによってポンドの価値を維持しようとしたときにもデフレーションが生じたと付け足したいと思うであろう。しかし、これらの間接的な手段によってではなく、直接的に貨幣的状況に影響をあたえる政策にのみデフレーションという用語を使うのが都合がよいとわたしは思う。

以上の二つの言葉の意味を論じた上で次に、インフレーションおよびデフレーションが生じる過程について何らか一般的なことが言えるかを考えてみたい。インフレーションにかんしては答えは簡単である。すべての重要な事例において、根本的原因は同じである。すなわち、政府予算にたいして深刻な圧力が生じ、その政府支出をまかなうための収入が課税や通常の借り入れによって確保できなくなり、その結果として政府のために中央銀行が信用創造を行うのである(1)。この新規信用の支出はその他の銀行の残高を膨張させ、その銀行の貸し出しの上昇につながる。このときには一般的に、銀行の必要に応じるために、追加的な現金の供給が必要となり、不換紙幣をますます刷らなければならなくなる。主要な動因はすべての事例において、ときどきあいまいに言われるような、たんなる予算の不均衡ではなく、財政赤字が大衆からの通常の借り入れによって埋められず、新規の貨幣創造によって埋められるときの予算の不均衡である。この点は重要である。政府が大衆から信用を得ている国では、多少の財政赤字はインフレーションをともなわずに長期間継続することが可能である。財政赤字はつねに危険信号であるが、一般的状況が特別に不安定でなければ、それは危険信号のままにとどまり、実際の問題には必ずしも発展しない。

デフレーションが生じる過程も、容易に論じることができる。デフレーションは、インフレーションの場合のように財政的困難から意図に反して政府が受け入れるようなものではない。デフレーションは、安定した状況で政府や中央銀行が意図的に起こすものでもない。たんに物価の上昇をくつがえすために、民主主義国家がデフレーションを引き起こすことがあるとはわたしは思わない。デフレによって利益を得る債権者はそれほどに多数派であるとは思われない。デフレーションが意図的に採用されるときがあるとすれば、それは、つねにある国の通貨と、金あるいは他国の貨幣との平価を取り戻そうとするときである。ナポレオン戦争および金支払いの停止〔イングランド銀行はフランスとの戦争にともなう通貨的逼迫を回避するために一七九七年にポンドと金兌換を停止した〕ののち、イギリスはポンドと金との旧平価を取り戻すために苦闘した。一九二五年も同様であった。フランスとイタリアは戦争のあと長いあいだにわたって同じ目的を掲げたが、かれらはイギリスよりも困難な状況にあり、けっして真剣にはその目的を達成しようとしなかった。政府や中央銀行が故意にデフレーションを起こそうと考える理由はほかにはない。一九三一年以降のイギリス政府のデフレ政策は、その支出削減方針とあわせて、確実に意図せざるものであった。そこには、貨幣ストックを縮小させ、物価を下落させようとする意図はなかった。それはむしろ、誤解による偶然的結果であった。

以上のインフレーションおよびデフレーションにかんする議論は予備的なものである。わたしの主要な関心はこの二つのどちらでもなく、第三のもの、リフレーションである。リフレーションとは、一般物価水準が以前の高い水準から著しく下落したとき、貨幣的手段によって物価水準を、元の水準あるいは少なくともその方向へ引き上げることである。インフレーションおよびデフレーションにかんしては、わたしの議論は定義を論じる以上にはほとんど何も論じなかったが、このより厳密な、より最近の概念であるリフレーションにかんしては、社会改良という観点から考察を加えようと思う。

当然ながら、まず、一般物価水準の大きな下落にともなう主要な害悪を明確に提示することが必要である。四つの害悪が存在する。第一に、多くの場合において、貨幣賃金は硬直的であるので、物価下落は賃金の下落をともなわない。生産費用は販売価格にくらべて相対的に上昇し、事前に大きな労働不足が生じていないかぎり、多大な失業が発生する。第二に、固定利子率の債務を持っている人々は、利子および元本の支払いにたいして実質的負担が、その負債を引き受けたときに想定していたよりもはるかに大きくなる。間違いなく、債務が国内で支払われるものであれば、デフレーションによって債務者の立場が悪くなったとしても、その反対に債権者の立場がよくなるので相殺効果がある。しかし、これはまったく損失が生じないということではない。正当な期待が裏切られるのみではなく、差し押さえや倒産による深刻な企業活動の混乱が生じるだろう。第三に、賠償や利払いや減債基金のために、外国に支払いをする必要のある国にとっては、デフレーションが起こると、為替が引き上がることによって、外国へ支払われる実質的な送金額の価値は上昇する。国全体の観点からすれば、これは国内での債務の実質価値の上昇よりも深刻な問題である。第四に、戦時借り入れストック（War Loan Stock）の保有者や年金受給者にたいする政府の支払い義務はその国の貨幣単位で固定されており、その大部分において、即時に変更することが不可能である。したがって、政府はこれまでよりもはるかにより多くの比率の国民の所得を公収入として回収せざるをえなくなる。公的予算をまかなうための技術的問題はこうして非常に大きくなる。

これらが一般物価水準の大きな下落にともなう主要な害悪である。しかし、以上の議論から明白なように、必ずしもすべての一般物価水準の下落がこれらの害悪をともなうわけではない。工業および農業技術の発達による物価下落は、そのような害悪をともなわない。このときには、貨幣賃金は一定に保たれ、販売価格と生産費用の不均衡を引き起こしたり、雇用を害したりすることはない。間違いなく、名目価値で契約された民間および政府債務の実質的な負担は増加するが、債務者の実質所得も同様に増加するので、債務者は以前よりも困窮するわけではない。しかし、一見して無害なように見えるのは、技術の発達による一般物価の下落だけではない。同じことは、一時的にきわめて高い水準にまで上昇した物価を適正な水準にまで押し戻すような物価下落にも当てはまる。もちろん「適正な水準」や「きわめて高い水準」というのは正確な言葉ではない。しかし、その意図は容易に明確にすることができる。任意の物価の状態にかんする本質的な特徴は、絶対的な物価水準ではなく、物価と名目的な費用との関係――あるいは物価と貨幣賃金との関係――である。というのも、雇用および失業の状態はこの関係に依存するからである。ある種の標準的な関係を想定し、それを、物価下落を判断する基準として用いることができる。労働が完全に流動的である世界では、この基準は、一方で失業が存在せず、他方で未充足の求人が存在しないような物価と貨幣賃金との関係である。しかし、現実の世界では労働の流動性は完全ではない。異なる産業や地域のあいだで相対的な変動が生じると、失業あるいは未充足求人、あるいはその両方が同時に存在する。物価と貨幣賃金との標準的な関係は、このような相対的変動分を超えた失業および未充足求人の存在しないときのものである。このときには、失業者の数と未充足求人の数はお互いに等しくなる。失業者の数が未充足求人の数を上回るか、あるいは下回れば、物価と貨幣賃金の関係は標準的関係から乖離する。失業者の数が過剰であるなら、物価は貨幣賃金にたいして低すぎる。もし未充足求人の数が過剰であるなら、物価は貨幣賃金にたいして高すぎる。物価がこの意味において高すぎるとき——現実には、好況のピークのときにこうなる——、多少の物価下落は深刻な悪影響をもたらすことはない。以上からわたしは、技術の発達による物価下落および好況の過剰な物価上昇をたんに相殺するための物価下落にかんしてはリフレーションの必要性はないと結論づける。

これ以外にもある。技術の発達やたんなる好況の相殺によるものではない深刻な物価下落があったとしよう。この場合でも、ある状況ではリフレーションの必要性はない。物価下落はたしかに深刻な被害をもたらすであろう。したがってそれを未然に予防するべきと考える根拠がある。しかし、ハンプティ・ダンプティ〔イギリスのわらべうたに出てくる登場人物。「ハンプティ・ダンプティ、壁の上に座って、ハンプティ・ダンプティ、ドシンと落ちた。王様の馬と家来の全部がかかってもハンプティを元には戻せなかった」」が壁から落ちるのを防ぐのは、落ちたあとにかれを元に戻すのとは別のことである。そうするべきかどうかを決定するときには、かれが地面にどれくらいの時間よこたわっていたか、すなわち物価の暴落のあとに素早くリフレーションを機能させることができるかどうかを知ることが不可欠である。リフレーション政策の根拠は、物価と費用の関係が上記の標準的関係と乖離しているということ、より一般的に言えば、名目賃金、名目債務、そして政府の支払い義務が物価変動に調整されていないということに主に依存している。もちろん、もしこれらのすべてが完全に調整されていれば、リフレーションの根拠は存在しない。したがって、その根拠は本性的に「消耗資産」である。低い物価水準が長い期間継続していればいるほど、その水準への調整はより完全に行われているだろう。失業の圧力のもとで、名目賃金率は緩やかに押し下げられる。債務者は、不履行におちいるか債権者と債務条件の変更を行うだろうし、政府は可能なかぎり債務を低利に借り替えたり、失業者や年金受給者への支払いを変更したりするだろう。その過程はつらく苦しみをともなうものであるが、徐々に進展していく。まちがいなく、この過程がさきに進めば進むほど、リフレーションの根拠は弱くなる。この点において、リフレーションは、戦時債務を一掃するための大規模な資本課税と類似している。戦争の直後には、資本課税を支持する根拠は強いが、時間の経過とともに急速にその根拠は弱くなる。これはリフレーションと同じである。リフレーションを導入する試みが三〇年間、拒まれつづけたとすれば――その期間の終わりまでには、政治家はリフレーションの必要性を理解するようになっているかもしれないが――、リフレーションの必要性は、低い物価水準が三〇年間持続したという事実によって無効になっているだろう。リフレーションが解決するべき物価と費用の乖離はすでになくなっているだろう。患者は、病気の苦しみを耐え抜いたのである。もし患者が死ななければ、かれは回復したのである。リフレーションはこのように本質的には適時に行うべき方策である。リフレーションが行われなければ、大きな痛みと苦しみをともなう長い期間にわたる調整がなされなければならない。この方策の目的は、この調整を不要にすることである。この調整がなされるのを待ってからリフレーションを実施するのは、まったく無意味である。たしかにそのときにおいてさえ、物価を押し上げようと望む人がいるかもしれない。しかしこれはリフレーションではない。リフレーションにかんしては、とにかく素早く行う必要がある。もし素早く行わないのであれば、時間の経過によってリフレーションは、不必要なもの、それどころか悪い結果をもたらすものになってしまうだろう。

ここまでの議論によって、わたしは物価の深刻な下落ののちにリフレーションの必要性が生じる状況を明確に限定した。物価下落は技術の発達によるものであってはならない。さらに物価下落はたんなる大きな好景気を相殺するものであってはならず、また最近起こったもので、新しい物価への調整が起こっていてはいけない。これらの条件のもとで、リフレーションは望ましい政策であると思われる。しかし、その場合であって実際に望ましい政策であろうか。上記のような根拠は詳細な考察に耐えうるものであろうか。この問いについて議論するには、分析上は明確であるが、現実にはけっして明確ではない区別をする必要がある。物価は、循環的に変動し、その循環の中心自体も変動するようにみなすことができる。もし低い物価が循環的変動の一部であるなら、物価はまもなく、いわば自律的にもとの水準にまで上昇するだろう。しかし、たとえば一国の貨幣のベースである金保有高や政府紙幣の下落によって循環の中心そのものが押し下げられれば、以前の物価水準への上昇は起こらないだろう。これらの二つの状況はまったく異なる問題である。

第一に循環的な変動について考えよう。物価の暴落が、事業家の資本投資にたいする見込みが弱まることによって起こったとしよう。これは、鉄道網の整備のような、なんらかの重要な投資先が埋まってしまうことや、あるいは客観的な状況の明確な変化をともなわない景況感の落ち込みによって生じるだろう。まったく摩擦のない世界では、資本財の生産を減少させれば、それによって自由になる資源の主要な部分は利用されないままになるのではなく、消費財の生産に向けられるだろう。納屋の建築を終えた小作農は畑の耕作に戻ればよい。しかし、近代的産業に依存する現実の世界においては、このようにはならない。というのも、労働者は異なる産業のあいだで容易に転職することはできないし、さらに重要なことに、投資にあてられる貨幣量の縮小は、消費財の購入に向けられる貨幣量の同じ規模の拡大を自動的にはもたらさないからである。このため、たんに新しい資本財に支出される貨幣量だけでなく、支出される貨幣の総量が減少する。このときには、平均物価がその減少に比例して下落しないかぎり、以前の生産量を継続するための十分な支出がなされない。また、名目賃金が同様に下落しないかぎり、以前の雇用量を維持するための十分な支出がなされない。これは一つの矛盾を提起する。不況期には物価が下落したために失業が拡大すると一般には考えられているが、物価が十分に下がらなかったために失業が広まっているというのがより真実に近いのではないであろうか。というのも、以前の水準の生産物を消費するためには物価はさらに下落する必要があるであろうからである。しかしこれはもちろん真実の一面にすぎない。その理由は、物価が名目賃金に関連しているということである。物価と名目賃金がともに支出に比例して下落するなら、完全雇用は維持される。しかし名目賃金は下方にはきわめて硬直的であるということがよく知られている。むしろ名目賃金は下がらず、それによって物価の下落が制限される。実際に起こるのはおよそ次のようなことである。投資の減少は総貨幣支出の減少をもともなう。これによって、購入される財の量や雇用される労働力が減少する。物価および名目賃金の下落が十分大きなものであれば、このような減少は生じないであろう。しかし実際には、名目賃金は十分に下落せず、したがって、物価も十分には下落しない。害悪の根源は物価下落そのものにあるのではなく、総支出の減少が十分な物価と賃金の下落によって相殺されないことにあるのである。しかし、物価下落はたしかに本質的な原因ではないとしても、実際の経緯を示す非常に優れた指数である。というのも、一般に大きな物価下落は総支出の大きな減少――完全には〔賃金下落によって〕相殺されていないことがたしかであるような下落――があったということを示唆するからである。このような状況において、物価下落は変動の付随現象である。したがって、解決手段は、長期の物価水準の変化ではなく、変動の大きさを弱めることに見出されなければならない。政府による事業の発注は、民間部門が不況におちいっているときに行われるべきである。また中央銀行は、好況の初期の段階に割引率を確実に引き上げ、不況の初期の段階にそれを引き下げる用意がつねになければならない。以上はありふれた議論であり、このなかにリフレーションを弁護する議論はない。

しかし、ほかの種類の物価下落、すなわち物価変動の中心自体の下落はまったく異なる現象である。この場合には、時間とともに自律的に修正される変動は存在しない。物価の中心が下落すれば、それにともなって、上述した物価下落の害悪が生じるであろう。そのような害悪は、物価水準を元の水準に戻すか、あるいはそうでなければ名目賃金およびその他の契約が下落した物価水準に調整されるかすれば、取り除くことができる。政府は、ルーズベルト大統領のドル切り下げのような何らかの明確な手段によって物価水準を意図的に上昇させるべきであろうか。リフレーションにかんする論点は以上のように提起することができる。

まず二つの反論を取り上げよう。第一に、リフレーションは、もし物価下落を相殺したのちに停止し安定が確保されるのであれば問題はない。しかし、その反対にむしろリフレーションがコントロール不可能となり、一時的な苦痛を和らげるための性急なモルヒネの使用が患者を治癒不可能な薬剤依存におちいらせてしまうという深刻な危険性がある。この反論は、経済的側面と政治的側面の二つがある。経済的側面においては、上述の通常のインフレと加速的インフレの区別が十分な根拠となる。もしフランスが、通貨危機をもたらすことなくフランを五分の四切り下げることができるのなら、アメリカがドルを半値に切り下げることができない理由はないであろう。政治的側面はこれとはまた別の問題である。アメリカの上院、イギリス議会、あるいはほかの立法組織が一度リフレーションを実施したのちに、自己抑制を失い無限に貨幣の切り下げを行うだろうと主張する人がいたとしても、経済学者はこれに何も反論する方法はない。これは、「政治家という汚らわしい、打算的な動物」——これはわたしの言葉ではなく、アダム・スミスの言葉である——の問題である。

第二の議論に移ろう。すべての人の貨幣保有量を目的どおりの比率で増加させることによってリフレーションを行うことができるなら、リフレーションには問題はない。しかし現実には、このような方法でリフレーションを行うことはできない。新たな貨幣は、銀行が以前より低い利子率を提示し、事業家が借り入れをし、そのお金を投資に回すことによって、循環経路に投入される。言い換えれば、一般大衆から購買力を強制的に取り上げ、それを資本財の生産に利用する人々に手渡すことによって、貨幣循環は拡大する。これは、唯一の現実的なリフレーションの手段であるが、消費に向けられる一国の生産手段にたいして、投資に向けられる分の比率を上昇させる。新しい貨幣の創造が継続するかぎり、この比率の上昇は維持される。しかし、目標の物価水準が実現されれば、新しい貨幣の創造は停止されなければならない。いずれにせよこれを永遠に継続し、加速的インフレを誘発させることはできない。新しい貨幣の創造が停止すると、消費者から事業者への購買力の強制的な取り上げは行われなくなる。したがって、大衆が投資にたいする態度を改め、この購買力の取り上げがなくても投資に積極的にならないかぎり、投資に向けられる生産資源の比率は元の低い水準にまで下落してしまう。これだけではない。購買力の取り上げのある期間において、資本ストックは増加するので、あらたな投資口は以前よりも少なくなっているであろう。このようにリフレーションによってたんに一般物価水準を引き上げることはできない。二次的影響として、生産資源がそれぞれ投資財と消費財の生産に向けられる比率に変動を起こさせてしまうのである。現実の経済に存在するさまざまな摩擦によってこの変動にたいする調整が不完全になるので、なんらかの害悪が確実に生じるであろう。

以上の議論は、現実へ応用するかどうかにかんして決定的ではない。もし代替策として賃金やその他の契約に必要な調整を即時に行うことが可能であるなら、リフレ政策の二次的な悪影響は、リフレ政策にたいする決定的な反対論となる。しかし、そのような調整を行うことは不可能である。現実の政策決定においては、賃金などの契約はけっして可変的ではないということを前提としなければならない。異なる状況、および異なる国においては、そのような硬直性の程度、そして必要な調整を行う容易さは異なるだろう。したがって、リフレ政策がほかの政策よりも優れているか、劣っているかを一般的に断定することはできない。それぞれの個別の状況で、対立する細かな条件を──不完全な知識という霧のなかで──考察し、比較考量されなければならない。さらに困難はこれ以外にもある。貨幣賃金やその他の契約が硬直的であるからという理由であらゆる恐慌時にリフレを受け入れるのは、ある程度において──どの程度かは断言することはできない──将来の恐慌時に賃金を硬直的にさせる要因になる。このように長期的にはリフレーションは、一定程度において、みずから解決しようとしている問題をあらたに作り出すことになってしまう。それはちょうど、無差別的な慈善活動が部分的にあらたに貧困を生み出しているのと同じである。以上のように、きわめて複雑なこの問題を考察するにあたっては、意見の相違を作り出す余地がかなり存在するのである。

ほかにも問題はある。これまでわたしは暗黙に、景気循環の下落期に生じる物価下落と、変動の中心自体の低下による物価下落がつねに別々に発生すると想定した。しかしもちろんこれは事実ではない。この二種類の物価下落は同時に生じる可能性はあるし、たとえ同時に起こらなかったとしても、物価下落が任意に生じているときに、その物価下落がどちらのタイプのものかを判断するのは不可能であるかもしれない。このような知識の不足は現実の政策判断における困難をさらに大きくさせる。慎重な考え方を持つ人にとっては、それは、リフレにたいする反対論であろう──疑いのあるときには行動しない。大胆な人にとっては、これはリフレを支持する議論になるであろう――疑いのあるときには行動せよ。われわれが任意の状況においてこれら二つの気質のどちらを持つかは、われわれの性格に依存する。そのような論点においては、率直な意見が考慮に入れるべき経済理論は存在しない。

注

（1）ホートレー氏が指摘したように、他の銀行貸出しがきわめて低下していて、中央銀行による新たな信用創造が必要でない場合には、インフレを招くことなく財務省証券を銀行に販売することによって財政赤字をファイナンスすることはできる（*Trade Depressions and the Way out*, p. 138）。この場合には、経済全体として新たに政府に貸付けしていることにはならず、銀行はたんに民間部門に貸付ける代わりに政府に貸付けているのである。

第8章　ティルトン男爵ケインズ（一八八三〜一九四六年）

経済学者としてのケインズについて文章を書くにあたって、ケンブリッジの人であれば、まず最初にかれとマーシャルの関係について考えるのは自然である。真理へのあくなき探求という点では、両者は同様であった。しかし、気性面においてはかれらは顕著に異なっていた。マーシャルは、以前の経済学者との連続性を強調する傾向があり、かれらの著作の行間を読み込み、おそらくそこにあるもの以上を読み取った。ケインズは一方で、他者からの独立性を強調する傾向があり、かれの思想が明確に浮き上がることを意図して、かれと他者の考えの対照を過度に論じた。『一般理論』のなかにも、わたしが思うにマーシャルの『経済学原理』への不当な非難が存在する。しかし、これは、ケインズが「師匠」の弟子であることを放棄したということをけっして意味しない。というのも、ケインズは、ある学者の議論の全体にたいする尊敬を弱めることなく、その議論の一部に強く反対することができたからである。それはちょうど、かれが論争において、まったく悪意を匂わせることなく痛烈な文章を書くことができたのと同様である。一年か二年前にマーシャル生誕一〇〇周年を祝う小さな集まりに出席した人であれば、かれの優れた美しいスピーチとともに、高齢のマーシャル夫人への感情のこもった挨拶を覚えているであろう。ケインズは、夫人の献身的な息子のようであった。

マーシャルの『経済学原理』は、当初はあらゆる主題をあつかう包括的研究書として書き始められたが、この計画は途中で放棄され、現在の『原理』は主として「基礎的議論」、すなわち経済的な力が長期的にどのように作用するかにかんする議論に制限されている。この分野においては、貨幣的要因は二次的な働きしかしないので、とくに議論する必要性はない。たしかにマーシャルは以下のように明確に述べている。「本書をつうじて、特別な反対の言及がないかぎり、すべての価値は購買力が一定の貨幣で表示される。それは、ちょうど天文学者が、現実の太陽ではなく、中央値の太陽（天体を一定の法則で移動する太陽）にかんして一日の始まりと終わりを決定するようなものである」。この基礎的議論が完了したのちに、実際の経済――そこでは貨幣はけっして従属的ではない――が具体的に議論されうる。上に述べたように、マーシャルは当初の計画を全うしなかったが、『原理』以外の著作から、かれが何を書きたかったかをおおよそ推測することができる。かれの計画は大まかに言うと、まず真空での物体の運動を考察し、そして空気抵抗を考慮に入れ、あるいは、潮の干満をつかさどる一般的な要因にまず集中し、そして風と波の影響を考察するというものであった。しかし、航行中の船の観点からすれば、とくに荒い天候のときには、重要なのは風や波である。そのような状況では舵取り人は長期的傾向には関心を持たない。ケインズは、マーシャルよりもより困難な時期に生きた。それは激しい変動と急激な世界的調整不良の時代であった。かれは、戦間期に雇用を求める多くの人々が失業している現状に頭を悩ませた。この明らかに解決されるべき異常事態を、政治家は解決できず、経済学者はそれを解決する方法を提示できないことに、ケインズは衝撃を受け、かれはその知性を最大限駆使しようとした。したがって、かれがマーシャルとは異なる視点から経済問題をとらえ、それほど余裕のあるアプローチをとらなかったのは自然であった。ケインズにとって短期は長期よりもはるかにより重要であった――かれが言ったように、長期的にはわれわれはみな死んでいる――し、貨幣経済における短期の考察においては貨幣的現象はもちろん非常に重要である。「貨幣は本質的で特殊な方法で経済的計画に作用する」。したがって、貨幣と実物の要因が十分に統合され、それまでの経済分析よりも現実の政策問題にたいしてより多くの助言を与えることができる（とかれが考えた）、単一の構造を構築しようとしたのである。わたしの解釈が正しければ、これが、『貨幣論』で議論しようとしたことであり、『一般理論』でより近くまで達成したものである。

わたしの個人的な意見では、このアプローチとマーシャルのそれのあいだには本質的な対立は存在しない。それらは、同じ一つのことをこころみるための二つの方法であり、特定の論点において意見の相違が生じるかもしれないとしても、一般的にはお互いを敵としてではなく味方とみなすべきである。したがって、わたしが思うにケインズがマーシャルの『原理』が完全な研究書ではなくたんに第一巻であることを無視して、マーシャル経済学あるいは（かれが好んだ言葉では）古典派にたいする反論として『一般理論』を打ち出したのは残念なことであった。しかし、この点に関しては別の意見をとる人もいるであろう。

ケインズは、さまざまな種類の生産手段のあいだでの資源配分にかんする経済学の領域にはとくに関心を持たなかった。かれの主要なテーマは、かれの言葉では、総生産量の問題、あるいは短期の観点においてそれと同じものとして、総雇用の問題であった。この問題を資源配分の問題から明確に切り離すことはできない。なぜなら異なる職業や地域で需要される資源の相対的な量の変化および流動性にたいする摩擦や障害は、失業が生じる主要な要因の一つだからである。ケインズは十分にこれを認識していた。しかし、かれの研究分野はこれではなかった。これらの問題を脇において実際よりも重要性の劣るものとして仮定し、労働が完全に流動的で摩擦的失業が存在しなかったとしても、依然として雇用に作用する要因に集中したのである。

この摩擦のない世界では、有効（名目）需要がかれの分析の中心的位置を占める。「完全」雇用は自律的に生じるものでもなく、維持されるものでもない。というのも有効需要がときに触れて小さすぎるということがあるからである。なぜ有効需要が小さすぎるということがあるのか。それに作用する要因は何か。それらの要因を操作・修正し、失業に必然的にともなう甚大な浪費、不満感、個人的な苦境を回避あるいは少なくとも小さくする手段は存在するか。

わたしが思うに、これが『一般理論』の中心的テーマである。それを発展させる過程でかれは、現在では多数の経済学者になじみのある「乗数」、「流動性選好」、「消費性向」、「資本の限界効率」などの用語を登場させた。これらを用いて、かれは多くの相互に関連した部分を、経済学者がそれまでなじみのあったものとはまったく異なる形態で、一貫した理論にまとめあげた。実質においてどの程度まで新しいのか、そしてどの程度まで健全な議論であるのかという問いは、いまだ論争の的である。しかし、かれの著作を特徴づける、偉大な知的能力と思考を刺激する特質は、すべての人に明白である。経済学者がみなケインズになったわけではないが、経済学者はみなケインズを賞賛している。

かれの研究のこの分野については、カーン氏がわたしに代わって以下の四つの段落を書いてくれた。

『一般理論』は、ケインズの名前が現在密接に結びつけられている領域のより学問的な調査という形式を取っている。ケインズはまず、現在の政治的関心事である問題にたいして直感を用いて議論を行った。しかし、ほかの多くの経済学者と同様に、失業を削減する手段として政府支出を主張していた一九二九年の時点で、ケインズは、この直感的な解決策を深く考察し、そのような政府支出がどのような収入源から支出されるべきかにかんして議論した。『貨幣論』は、一つの答えにたいするアプローチを提供し、『一般理論』ではその答えに論理的な考察が加えられた。ケインズの考えにとって根本的なのは、消費財生産に用いられる雇用量を決定する消費支出と、あらたに利用可能な未使用の資源が存在するかぎり、貯蓄量ではなく独立の要因によって決定される一国の資本財への支出（ケインズの言葉では「投資」）と一定の関係を持つ貯蓄とのあいだの区別である。倹約が直接に資本財の生産を促進するという伝統的な議論をケインズが受け入れたのは、総生産を増加させることができないときのみであった。資本財の生産と利子率との従来的関係を、ケインズは、資本財の生産量が、利子率との関連における資本財の期待収益率によって因果的に決定されるという考えに転換した。利子率自体は――これはおそらく、多くの経済学者が格闘してきた領域における『一般理論』の最大の貢献である――、その社会の金融システムによって供給される流動資産（貨幣）の量との関連における、資産を流動的形態で保有しようとする意思の度合いによって――どの程度消費を延期したいと思うかによってではなく――決定される、貨幣的現象とケインズはみなすべきだと考えた。

倹約の拡大は利子率を引き下げ（そして資本財の生産を促進す）るという従来的な考えを、ケインズは、直接の原因と結果を述べたものとしてではなく、以下のような長期的な傾向を回りくどく述べたものとしてとらえた。すなわち、倹約の上昇は失業を増加させ、貨幣賃金および物価の下落をもたらし、所与の貨幣ストックの実物価値を増加させ、そして利子率を下落させるというものであった。

ケインズは実際、貨幣賃金の調整が雇用水準の変化に与える影響にかんしてまったく信頼していなかった。かれは貨幣賃金率は下方圧力にたいしてきわめて強い抵抗を示すと考えた。これは、論理分析のみならず定量的事実の問題として、みずからの学説を従来的な政策指針とは根本的に異なるとかれが考えた主要な理由である。副産物として、つぎのような議論も生まれた。すなわち、もし賃金が失業によって、あるいは失業を削減しようとする試みのなかで積極的に抑えられたら、需要は費用と同じだけ減少し、物価下落にともなう経済的問題は、失業の改善という埋め合わせをともなわないという議論である。しかし、現在ではよく知られたこのような考え方にたいして、ケインズはさらに利子率をつうじた付随的な影響があることを認めたが、同時に金融システムによって直接にもたらされた利子率の減少は同じ結果をはるかに容易に達成するということも指摘した。

以上が、必要な制限条件を省いた中心的テーマの大まかな要約である。かれの考えは直感的な考えに由来しているけれども、このテーマが誰にとっても自明であるとはケインズはけっして考えなかったし、「常識的」説明をこころみる著作家にたいしてはこのテーマが適切に理解されているかどうかつねに疑いを持った。おそらく何よりも重要であったのは、かれの見事な主張が、かれ自身のなかで健全な論理的構造における確信に根付いていたということである。この結果として通常容易に見過ごされてしまうような知的革命が生じたのである。一九二九年に「われわれは失業を克服できる」という論文で、自由党の専門家委員会は、「政府による国家的開発政策は（インフレを無視できると想定しても）さもなければ民間の個人によって利用されたであろう基金で、少なくとも民間と同じ程度に効率的に政府が雇用を提供するのみであるので、最善の可能な状況でも総雇用を拡大することはできない」という反論に対応した。この論争におけるケインズの活動は、つぎのような財務省のメモランダム（返答として刊行された政府白書）の刊行を止めることはできなかった。

〔公共サービスによる経済開発の〕計画が大いに拡大されるべきとする同パンフレットの提案は財政的見地において非常に大きな反論をまぬがれない。必要とされる多大な借り入れは、インフレをともなわないとしても、現在の資本資源に損害を与えるはずである。この資源は、総じて見れば、現在有効な雇用に用いられており、大部分は国内の工業的・商業的用途に利用されている。投資の方向を変化させることによって雇用が追加的に得られる程度は、したがって最善の可能な状況においてもきわめてかぎられている。

しかし、一九四四年に連立政府は大きく異なる雇用政策白書を発表した。「より多くの貨幣が財やサービスに費やされれば、より多くの貨幣が賃金として支払われ、より多くの人が雇用されるだろう」。これは、政策問題にたいするケインズの考えの影響力を示している。またケインズの影響力は、最近の戦争において政府借り入れの利子率をきわめて低く抑える政策にも見て取れる。

以上がカーン氏の文章である。わたし個人にとっては、基本的な経済思想にたいするケインズの直接の貢献を評価することには、特別な困難がある。しかし、かれの分析に部分的に反対する人であっても、間違いなく何らかの影響を受けている。われわれが以前に何を信奉していたかを正確に思い出すことはとても困難である。われわれが以前から変わらず理解していたと考えているものの多くが、ケインズに由来するものであってもおかしくはない。この警告を前提として、わたしの個人的印象は以下のようなものである。すなわち、ケインズの功績は、主として新しい真理を発見したことにあるのではなく、それまで政策的重要性が認識されていなかった経済分析の領域に中心的な焦点を当てたことであった。つまり、特定の産業の貨幣賃金の削減が通常その産業での雇用を増加させるという理由をもって、経済全体での賃金削減も通常は社会全体の雇用を上昇させると論理的に主張することはできないのであるから、賃金削減による物価や所得への間接的影響にたいしては、より強い関心が向けられるべきであった。ケインズはこの中心的な、とても重要な問題を議論の前面に押し出したのであった。また、現実の経済過程を理解するためには長期の傾向にかんする考察に何らかの補完をする必要があるということは誰しもが認めていたが、総じて個別の部門にとどめられていた経済的変化の諸側面を単一の枠組みのなかに取り込む一般的な理論を打ち立てようとしたのはケインズであった。さらに、これを打ち立てる上で、かれはたんに、学問的には望ましいが、実際上は不毛な、数学的構造に関心があったのではない。かれの構造は、統計で計測しうる事柄と密接な関連性を持ち、予測に役立ち、政策的指針を立てるように考えられており、いわば隠遁者の小屋ではなく灯台になるように意図されている。『貨幣論』においても、『一般理論』においても、この意図は明らかである。この目的を遂行するために、かれ以前のマーシャルと同様に——この点においてマーシャルはケインズと完全に同意していた——、ケインズは十分に統計が存在しないことに制限を受けた。しかし、マーシャルとは違って、ケインズは幸運にも大きな統計上の発展を経験した。実際に、かれは見事な統計上の産物、すなわち財務大臣が刊行する毎年の、国民所得および支出にかんする白書の主要な助産夫であった。

経済学にたいする直接の貢献以外にも、ケインズは他者への影響をつうじて間接的な貢献もなした。すなわち、狭い範囲においてケンブリッジ大学の教員として、そして広い範囲において思想の触媒としてである。わたし自身はケインズの講義を受けたことはないので、ふたたび以下の三段落で、カーン氏の文章を借りる。

講義の基礎としてケインズは、たびたび執筆中の論文や著作の一章を用いた。聴衆は、ケインズがかれ自身の文章に満足していないということにめったに気づかなかった。かれの講義は、印刷物（たとえケインズのものであっても）では与えることの不可能な印象を聴衆に与えるいっぽうで、講師自身はかれが読んでいる手稿や校正刷りを書き換えたり、あるいは捨て去ったりする気になったのである。

ケインズは講師としては、ほとんど即興の余地を認めなかった。いっぽうで教師としては、学生に何を伝えるべきかあらかじめ何も考えずに対応した。かれの目的は、議論をしているという感覚を生み出すことにあり、先導役を維持しながらも、学生は、特定の考えを押しつけられているというよりは、かれの自信のある言葉に引き込まれる感覚を覚えた。出発点は、あらかじめ決められた主題にかんして学生が書いた小論文で、ケインズは指導の時間のまえにそれを読み（かれは通常三人か四人のグループに指導を行った）、露骨な批判よりも、励ましと肯定に意を割いた。

ケインズは、ほぼかれ自身のカレッジから選抜された、きわめて少数の学生のみを受け入れることができた。しかし、かれの主催した経済学クラブのメンバーにも同じような影響をもたらした。経済学クラブは、もっとも有望な学部学生たちや教員で構成され、冬の二学期のあいだ月曜の夜にほぼ毎週、かれの部屋で集まった。報告者は通常、学部学生であった。討論は、有名なくじ引きで決定された。各自はそのくじによって、暖炉前のじゅうたんに立たされ、「何か言わなければならなかった」。はじめての経験は試練であるが、その後は、ケインズがたくみに生み出した穏やかな雰囲気にあらがえなくなるのである。かれの議論への介入はきわめて限られていたが、時宜を得た有益なものであった。深夜少しまえにかれが立ち上がって議論の総括を行った。報告はしばしばかれの知識や関心とまったく異なるものであったが、かれは議論が進むにつれて主題をよく理解し、総括ではしばしば、報告者自身よりも、あるいはその主題の専門家よりもはるかに明確に、かつ効果的に論点をまとめた。

より広い領域においては、ケインズの触媒としての功績はきわめて重要である。マーシャルの主要な著作が執筆されたのち、少なくともこの国においては、根本的問題にかんする経済思想はほとんど変化しなかった。われわれは創造性を欠いていた。おそらくすこし自己満足におちいっていた。ケインズの『貨幣論』とその後の『一般理論』は、その教条的な停滞状態を解消した。かれと同意するにせよ、否定するにせよ、議論や論争が沸きあがり、それは全世界に広まっていった。経済学と経済学者は生き返った。平穏の時代は終わった。活発で、おそらく創造的な思想の時代が始まったのであった。これはおよそすべてケインズのおかげである。かれの考えが万一、今後すべて棄却されたとしても――もちろんそのようなことは起こらないだろうが――、この新しい精神を吹き込んだことに関してかれはわれわれの学問分野のもっとも重要な貢献者のなかに加えられるであろう。

もちろんほかの誰とも同じように、かれは性質上の欠点を持っていた。『貨幣論』における「貯蓄」および「所得」や、『一般理論』での「完全」雇用――これは、多量の失業の存在と矛盾しない――のように、一般的な言葉を一般的でない意味に定義することによって、かれよりも俊敏な精神を備えていない人のあいだに大きな混乱をもたらした。そしておそらく、もし知的革命の旗印をあげることにあれほど積極的でなければ、かれは、同意点をより強く強調し、対立点をあまり強調しなかったであろうし、誤解や実りのない議論を防ぐことができたであろう。そうすることで、さらに建設的な貢献をなすことができたであろう。しかし、これには両面ある。かれがそのように、つまりよりマーシャル的方法で、行動していたとしたら、あれほど効果的な触媒にはならなかったにちがいないし、緊急を要する時代状況において現実の政府の政策にたいしてあれほどの影響力を行使することはできなかったにちがいない。以上の相反する考慮のバランスがどうであるにせよ、わたしが思うに、誰もケインズにはケインズ以外であってほしいとは願わなかったであろう。欠点を含め、かれのすべてが、われわれが知っている賞賛すべきケインズの一部である。偶然にもかれは、亡くなったときイギリス経済学会の会長であった。間違いなく、ケインズはこの時代においてもっとも面白く、影響力があり、重要な経済学者であった。

第9章　書評　フリードリヒ・ハイエク著『隷属への道』

これは、学術的で誠実な著作である。著者が述べるように、これはまた個人的な著作でもある。本著執筆の動機は、主として善意の人々の思想が、ドイツにおいて自由を破壊したのをオーストリアから観察し、そのようなことがここイギリスでも生じているという確信である。「われわれは加速的に、個人的および政治的自由には欠かせない経済事象における自由を放棄している。……トクヴィルやアクトン卿のような一九世紀の偉大な政治思想家によって、社会主義は奴隷制であるということが警告されてきたにもかかわらず、われわれは社会主義の方向に着実に向かっている。そして新しい形態の奴隷制がわれわれの目の前で生じている現在、われわれは完全にその警告を忘却し、この二つのことが関連しているということをほとんど思い浮かべなくなっている」(一〇頁)。

ハイエク教授は、国家の適切な機能という問題にたいしてリベラルな考え方を持っている——

「社会の自生的な要因を可能なかぎり利用するべきであり、可能なかぎり強制には頼るべきではない」（一三頁）。しかしこれは、国家が何もするべきではないということを意味しない。むしろ、政府は多くのことをしなければならない。何よりも、以上のような要因が有益に働くように、一般法の体系を構築し、維持しなければならない。これがなされなければ、すなわち、たとえば私的な経済的考慮に反映される項目と、社会福祉に作用する項目が明確に異なっているとき、政府は直接に経済に介入しなければならない。また政府は、生活条件の適正な最低水準がすべての人に保証されるようにしなければならない。さらに政府は、生産を抑制したり競合相手を排除したりしようとする独占的集団によって大衆が搾取されるのを防がなければならない。ハイエク教授が非難しているのは計画そのものではなく、「競争に反対する計画——すなわち競争を代替する計画」（三二頁）である。このように、かれの一般的な姿勢は、マーシャルの考えにとても似ている。上記の引用文での社会主義は、中央計画、すなわち集産主義的政策を表しており、そのような政策によって社会主義者が達成しようとする、社会正義やさらなる平等の実現といった究極目的までを指しているわけではない。多くのリベラルな論者と多くの社会主義者は、その政策の価値については意見を異にしているだろうが、究極目的については、およその同意を得ているであろう。さらに——これはきわめて重要なことであるが——その政策は、通常のイギリスの社会主義者が強く反発する、かなり異なった目的のために用いられることがある。したがって以下では、社会主義という言葉をあえて避け、中央計画についてのみ議論するのがよいであろう。

近代戦に従事する国家にとっては、この政策は不可欠である。そのような政策なしに有効に戦争を行うことは不可能であり、したがって、どのような害悪がそれに付随するにしても、より避けるべき害悪――軍事的敗北――を防ぐためには、そのような政策を受け入れなければならない。しかし平時においては、われわれは、そのような圧力のもとにはない。われわれが望むものが、「一般的福祉」、「共通の利益」、「最大多数の最大幸福」――「各人が一人として数えられる」という制限条項を加えるにしてもしないにしても――であるとき、適切に構築された一般法体系の指針や規制に支えられた自由企業体制よりも、中央計画のほうが、これらの目的をよりよく達成できるというのは、まったく自明ではない。それは自明でないだけではない。計画当局が直面するおそろしく複雑な作業を鑑みれば、その反対、つまり自由企業体制のほうが上の目的をよりよく達成するということを、ハイエク教授は強く信じている。しかしかれにとって、これは中央計画に反対する主要な根拠ではない。かれにとっては、自由や個人的責任は、それ自体が目的であり、たとえそれを手放すことによって経済的満足の総量を少し増加させることができたとしても、放棄するべきものではないのである。かれが中央計画に反対するのは、それがこの高等な善を破壊する傾向があると、かれが信じているからである。

わたしは以上の主張にたいする論証に、完全には同意することはできない。かれは、戦時にたびたび行われるように、国家が直接に特定の個人を特定の職業に振り分けることと、国家がそれぞれの職業に従事する人の数を決定したり、賃金率を操作してその数を確保したりすることとを、区別するべきだとわたしは思うが、かれは区別しない。第一の場合には、個人の自由はもちろん、直接的に侵害される。しかし後者の場合に、市場の働きによってそれぞれの職業に従事する人の数が決定されるときとくらべて、個人は本当に自由でなくなっているのであろうか。これはまだ大した問題ではない。ハイエク教授の主要な議論は、社会のさまざまな主体の要求が相互に対立していること、個別の具体的な計画にたいする同意を得るのが困難であることから、「経済的領域にたいする中央計画を開始した民主的政治家はまもなく、独裁権力を獲得するか、あるいはかれの計画を放棄するか、どちらかの選択を迫られることになるであろう」(一〇一頁)。その政治家が計画を放棄しないのであれば、かれは恐怖政治をとることを余儀なくされ、そして、良心の欠けた人々の働きに依存するようになり、実際にドイツやイタリアで起こったように、欺瞞的な宣伝活動や教育的「訓練」でかれの権威を強化することになる。そして、無害のように見える始まりから、恐怖国家はすべてを飲み込み、あらゆる精神的価値を破壊する。「チェスの中立性を、今後一切放棄しなければならない。『芸術のための芸術』という表現と同様に、『チェスのためのチェス』という表現を完全に追放しなければならない」〔この文章は、『隷属への道』の以下のようなエピソードを紹介する部分からの抜粋である。すなわち、あるとき社会主義国家のチェス競技者が、公然と、チェスは社会的目的を実現するための手段として競技されなければならないという訓告を受けたというものである」(一二〇頁)。

ハイエク教授はもちろん、この種の堕落の進展が「必然」であると主張しているわけではない。かれはたんに、以上のような深刻な危機が存在すると主張しているのである。しかしそうであっても、わたし自身は、かれの歴史的論拠が健全なものだという納得はできない。一国の政権を握り、ヒトラーやムッソリーニのように、最高目的として国家の権威を構築するためにその資源を利用しようとしたとき、もちろん中央計画的政策を用いることになるであろう。中央計画という概念がなかったとしても、必然的にそれを発明したであろう。あるときにとられた手段を、そのときの目的の原因とみなすことは適切であろうか。ドイツの場合には屈辱から、イタリアの場合には幻滅から生じた、国家権威にたいする強い欲望が、この劇の悪役の一人ではなかったであろうか。より一般的にいって、このような複雑な現象において、何らかの単一の原因を見つけようとするのは、単純化のしすぎではないであろうか。多くの変数をともなった関数という見方のほうが、より適切ではないであろうか。

これらの疑問にかんして、わたしは明確な意見を示す権利を持っていない。しかし、われわれがハイエク教授に同意するかどうかにかかわらず、この誠実で見事に表現された訴えを最後まで読んで、強い刺激を受けない人はほぼ存在しないであろう。まして、著者にたいして尊敬と共感を感じずに、この著作を閉じる人はさらに少ないであろう。

第10章　ドゥーゼンベリー教授の所得と貯蓄

ドゥーゼンベリー教授の重要な著作『所得、貯蓄、および消費者行動の理論』にかんする書評が、エコノミック・ジャーナル誌の三月号に掲載されていた。その著作のなかで、かれはほかの興味深い論点とともに、一八七九年から一九二八年までのアメリカにおける所得にたいする貯蓄の比率が、好況時と不況時の平均においてきわめて安定していることを説明しようとした。クズネッツ博士が示した統計によると、この期間に、実質所得（一九二九年の物価に調整された名目所得）は六倍以上に拡大したが、貯蓄される所得の比率は明確な傾向を示さないだけでなく、一二パーセントを超えず、一〇・四パーセントを下回らなかった。この統計にはもちろん誤差があるが、（好況時と不況時の平均にかんする）貯蓄率は、とても大きな実質所得の上昇にもかかわらずきわめて安定的であったということに議論の余地はない。これは一見すると不可解である。というのも、比較的豊かな人にたいする貧しい人の比率は増加していないにもかかわらず、豊かな人は貧しい人よりも高い比率の所得を貯蓄すると信じるべき根拠があるからである。もちろん、ここには論理的矛盾は存在しない。もしAの所得がBの二倍であれば、かれはより多くの比率を貯蓄するが、もしAとBの所得がともに二倍になれば、かれらはともに、二人の所得の総和のうちの以前と等しい比率を貯蓄するかもしれない。しかし、このようなことが起こっていることが見出されるなら、われわれは自然とその理由を問いたくなる。ドゥーゼンベリー教授は、これを説明するほかの要因を議論したのち、人々の欲求や嗜好が「社会的」であること、すなわち人が何かを欲するのは、ほかの人がそれを欲しているのを見るからであるということによって上記の現象が主として説明できるという結論を下している。わたしがコメントしたいのは、この問題にかんするかれの議論についてである。

ドゥーゼンベリー教授は、ある人の消費がほかの人々の消費に依存しないという想定の下で、ある集団の各成員にかんして、その消費を、実質所得、期待実質所得、資産、将来の期待資産と関連させる数式を表し、利子率が一定であると想定し、「ほかの個々人の消費支出の加重平均によって各変数を割ることでほかの人々の消費を考慮に入れる」（三五頁）。このとき、所与の所得と資産の下で、数式の解は、n番目の個人の消費がC_nであるときであると見出され、したがってすべての所得と資産がk倍されれば、新しい数式の解はn番目の個人の消費をkC_nにするであろう。このように、総所得（および資産）の絶対価値は、所得にたいする消費の比率にたいして無関係である。「均衡において消費は所得にたいして一定の比率を保ち、貯蓄率は所得の絶対水準には依存しない」（三七頁）。

ドゥーゼンベリー教授にたいして、他人の消費を考慮に入れるこのような手法の価値を認めるとしても、これは完全に満足のいくものではない。所得の絶対水準が所得と貯蓄の比率に無関係であるとすると、これは、絶対所得が異なる二つの状況のあいだで、所得と消費の比率――利子率は所与であるとする――は同じでなければならないということを意味する。というのも、それぞれの状況で数式は多くの異なる解を有するかもしれず、その場合、二番目の状況で一番目の状況と同じ解があることは、互いに異なる二番目の状況での解と一番目の状況での解が存在することと矛盾しないからである。したがって、所得の絶対額が、消費と所得の比率に関連性がないということを示すことは、消費と所得の比率が、利子率を所与として、異なる絶対所得をともなう状況においても同じになるということを示すことではない。著作の三五頁で、ドゥーゼンベリー教授は、かれの均衡の一意性がのちに議論されると述べているが、わたしはそのような議論を見つけることはできなかった。

しかし、これはかれの議論の主要な問題ではない。他人の消費の影響を考慮に入れるためのかれの手段、すなわち消費の加重平均で割る方法に問題がある。他人の消費を考慮に入れる自然な手段は、単純にそれを関数の変数に加えることである。二人の個人のみからなる集団を考える。かれらの所得をi_1とi_2、資産をa_1とa_2、消費をc_1とc_2とし、利子率を所与とする。このとき自然にはつぎの式を書くべきである（もちろん、将来の期待所得と期待資産を導入したいのであれば、新たな記号を加えることもできる）。

$$c_1=f_1\{i_1,a_1,c_2\}$$

$$c_2=f_2\{i_2,a_2,c_1\}$$

しかし、ドゥーゼンベリー教授は実質的につぎのような式を書いた。

$$\frac{c_1}{c_2}=f_1\left\{\frac{i_1}{c_2},\frac{a_1}{c_2}\right\}$$

$$\frac{c_2}{c_1}=f_2\left\{\frac{i_2}{c_1},\frac{a_2}{c_1}\right\}$$

この二つの式は、上の二つの式から導くことはできない。というのも、$y=\phi(x)$は、$\frac{y}{k}=\phi\left(\frac{x}{k}\right)$を意味しないからである。ドゥーゼンベリー教授は、これらの式が心理的状況を正しく表現していると信じるのに足る根拠を提示していない。

以上からつぎのように言うことができる。一八七九年から一九二八年までのアメリカにおける長期の貯蓄と所得の比率がきわめて安定的であったということをわれわれは知っている。もし心理的状況が、ドゥーゼンベリー教授の式が示すようなものであり、複数の方程式にともなう問題を忘れるなら、その安定性は説明されたことになるであろう。つまりこの種の心理的状況の存在は、もし有効であれば、観察された事実を説明する仮説となる。ドゥーゼンベリー教授が示唆しているように見えるとおり、これは貯蓄率にかんする事実とは独立にわれわれが知っていることではなく、これがあることによって貯蓄率が一定になるとわれわれが想定することに役立つわけでもない。仮説は有効であるかもしれない。しかし明らかに、ドゥーゼンベリー教授をさらに上回り、別の事実を説明するのに役立つという以外に、それ自体が有効であると信じる別の根拠を見出すことができれば、より望ましいであろう。わたしはこれを試みてきたが、今のところ成果はない。

第11章　双方独占下での均衡

S1　取引指数〔商品の相対価格〕や相対的生産量の指数は、力によって影響を受けている物体のようなものである。この力のなかには、市場の両側にいる交換者の相互の需要表——あるいは、別の表現を望むのなら、需要表と供給表——がある。この二つの表は、均衡軌跡というわたしの概念——つまり、需要側と供給側の共同の力によって、上記の指数が決定される点の集合——を決定する。

S2　均衡軌跡は、一つの点であるかもしれないし、一つ以上の点の集合であるかもしれない。需要・供給曲線が反対の方向に傾いているとき、均衡軌跡は、自由競争のときにはつねに一つの点であり、一方的独占の場合にも、ほとんどの場合において一つの点である。二つの曲線が同じ方向に傾いており、一回以上交点を持たない場合にも、均衡軌跡は、自由競争のときにはつねに一つの点であり、一方的独占のときには一定の状況において一つの点である。これら以外の場合には、均衡軌跡は多数の点からなる。後者の場合には、需要と供給の力では、均衡軌跡のどの点に取引指数が落ち着くかを決めることができない。もちろんこれは、取引指数が何らかの要因によって決定されないということを意味するわけではない。たんに需要と供給では決定されないということを意味するのみである。その他の要因についての知識があれば、具体的に取引指数の位置をより正確に推測することができるのである。

S3　自由競争や一方的独占の条件の下で生じる、複数の点からなる均衡軌跡について、重要なものは、マーシャル教授の『経済学原理』の、安定的および不安定的均衡、そして独占にかんする章で議論されている。これについてはここでは議論しない。本章があつかうのは、独占力を行使している、二つかそれ以上の主体が市場に存在しているような状況である。独占力を行使している主体というのは、必ずしも競合相手が存在しない主体のことではなく、市場の価格を受け入れる代わりに、自分の利益のために故意に価格を変化させようとする主体である(1)。ある個別の主体が総供給の小さな部分にしか寄与しておらず、その製品にたいする派生需要曲線が水平の直線であるのであれば、故意に価格を変化させようとするのは理論的にはその主体の利益にはならない。また、総供給のかなりの部分に寄与しているのでなければ、実際にも利益にはならない。

S4　二つの独占的主体――競合的製品、代替的製品、補完的製品のどれをあつかっているとしても――が市場の同じ側にいる場合、均衡軌跡上の指数は、取引比率ではなく、相対的生産量である。したがってそれは、二人の独占者の合意のない各結果を表すかもしれない。このとき、合意があるときに生じる状況とは異なる。というのも、エッジワース教授とマーシャル教授が示したように、各独占者は、自分の行動がほかの主体の行動におよぼす影響を考慮し、それにあわせて対抗的な行動を取るからである。したがって、指数は必然的に均衡軌跡に沿って連続的に動き回る。一方で合意があるときには、合意の内容が頻繁に変更されるかもしれないが、連続的には変化しないだろう。したがって、均衡軌跡が合意によって達成された結果を示すとき、合意なしに得られた結果を示すときよりも、一般的により変動の少ない産業条件をあつかうことになる。このかぎりにおいて、相互に関連のある独占者のあいだの協定は社会的に有益であると言える。(2)

S5　均衡軌跡の形状と位置は、もちろん合意があるときとないときのどちらを表すかという問題には影響されない。したがって以下では、前者の場合のみを議論することで十分である。取引指数の位置を考慮することが可能になり、相対的な生産量を直接議論する必要がないという点で、これには利点がある。というのも、合意があるときにはいつでも、なんらかの対象が必然的に契約当事者同士で交換される――市場の反対側にいる独占者の場合は、商品やサービスが、市場の同じ側にいる独占者の場合は、将来の市場での行動にたいする約束が交換される。したがって、均衡軌跡は取引指数の位置にのみ言及することになる。

S6　この軌跡にかんして、解決するべき三つの問題が存在する。すなわち第一に、均衡軌跡の位置を決定すること。第二に、取引指数が最終的に均衡軌跡のどの部分に決まる可能性が高いかを決定すること。そして最後に、需要と供給以外の力が制御可能であるとき、その指数を均衡軌跡のどの部分に誘導するべきかを決定すること、である。

これらの問題は、以下の前提を用いて対応する。

①二人の取引参加者は、外部の経済主体から影響を受けないという意味において、完全に孤立している。

②取引従事者の一方は、かれの経済的行動が他者が得る満足に影響を受けないという意味で、他方の取引従事者から孤立している。

③交換する商品は、ほかのすべての商品から完全に孤立している。

④一つの交換商品によるどの主体の満足も、別の商品の保有に依存しないという意味において、一つの商品は別の商品から孤立している。

⑤交換の時点は、ほかのすべての時点から完全に孤立している。

⑥交換する商品は無限に分割可能である。

S7　以上の前提の下で、取引参加者Aが、商品Xを、別の取引参加者Bが所有する商品Yと交換すると想定する。このとき、XにかんするYへのAの需要と、YにかんするXへのBの需要とい

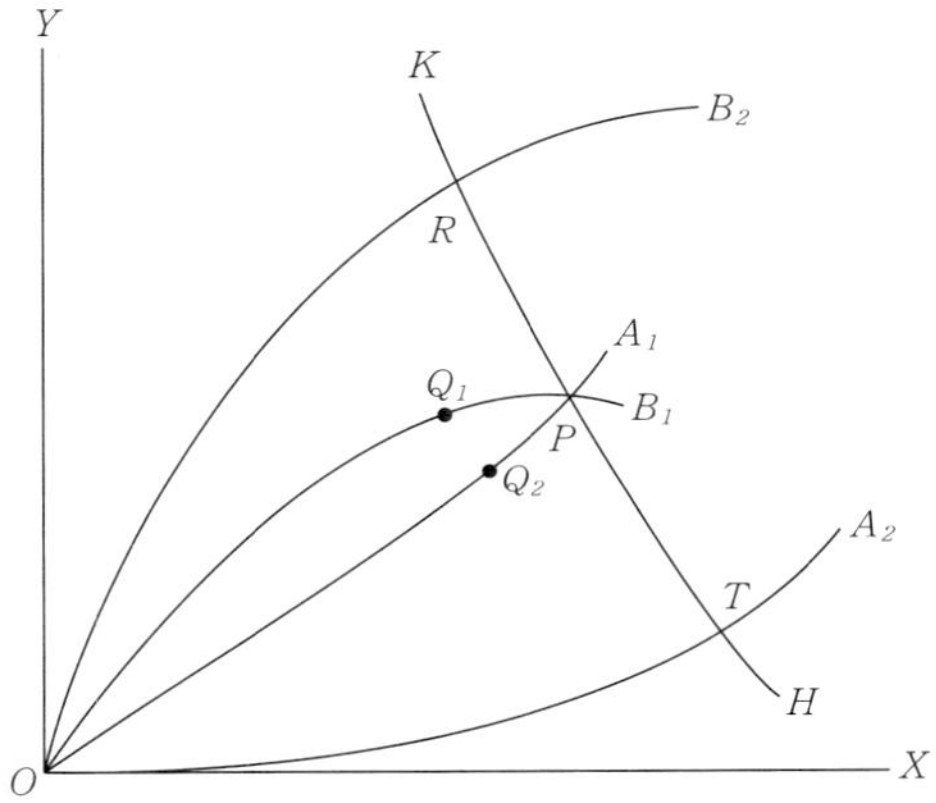

図11－1

う条件が与えられるとするなら、X軸に沿ってXの単位数を、Y軸に沿ってYの単位数を記し、以下のような曲線を描くことができる。

①Aの需要曲線OA_1とBの需要曲線OB_1。Aの需要曲線は、かれが購入したy単位のYにかんする限界効用（福利〔ophelimity〕の意味で）が、かれが犠牲にするx単位のXにかんする限界不効用のx/y倍に等しいような取引指数の位置の軌跡である。Bの需要曲線は、同様に描くことができる。

②Aの原点を通る無差別曲線OA_2と、Bの原点を通る無差別曲線OB_2。Aの原点を通る無差別曲線は、かれが購入したy単位のYにかんする総効用が、かれが犠牲にしたx単位のXにかんする総不効用に等しいような取引指数の位置の軌跡である。Bの無差別曲線は同様に描くことができる。

③契約曲線KH、すなわちこれは、AとBのそれぞ

れの無差別曲線同士のすべての交点の軌跡である。

S8　これらの曲線にかんして以下の位置を区別する必要がある。

①Pは二つの需要曲線の交点である（この点は純粋契約曲線上にあることを示すことができる）。

②Q_1はBの需要曲線上でAにとってもっとも有利な点であり、Q_2はAの需要曲線上でBにとってもっとも有利な点である。

③軌跡Q_1Pは、需要曲線上の妥結軌跡のBの部分であり、Q_2Pは需要曲線上の妥結軌跡のAの部分である。

④点PとBの無差別曲線のあいだの軌跡RPは、契約曲線上の妥結軌跡のBの部分であり、Rはその軌跡においてAにとってもっとも有利な点である。軌跡TPは契約曲線上の妥結軌跡のAの部分であり、Tはその軌跡においてBにとってもっとも有利な点である。

S9　具体的に以上の曲線にかんして、二つの点を指摘することができる。

第一に、取引する商品のうちの一つ――たとえば貨幣――の限界効用が取引参加者双方にとって一定であるとみなされるとき、つぎの結果が生じる。各取引参加者のすべての無差別曲線はお互いに平行であり、契約曲線はY軸にたいして平行な垂直線である。したがって、交渉が契約曲線上で行われる場合には、取引されるほかの商品の量は一意に決定されるであろうが、それと交換される貨幣の量にかんしては一意には決まらない。マーシャル教授の説明によると、「物々交換がどのような経路で始まったとしても、均衡はC個のりんごが取引される点に見出されるであろう」[3]。この意味で、上記の特別な場合には、非決定性は、ほかのものが等しいとき、貨幣の限界効用が一定である場合よりも必然的に小さくなる。しかし、ジャナコーネ（Jannacone）教授のマーシャルの理論にたいする、それ以外は適切な解釈が示唆するように[4]、均衡軌跡の範囲が実際に小さくなるという意味で非決定性が小さくなるかどうかは分からない。

第二に、同じ想定の下で、取引参加者がどちらも最終消費者ではなく、レントを得ていない生産者であり、準レントが本当のレントのように機能しないような長期的観点から考察されるとき、点Q_1とQ_2は必然的に同一の垂直な線上にあり、その二つの点の位置は、お互いからの距離が最大になるように決定される。

A

S10　以上の説明の下では、均衡軌跡は、妥結軌跡以外の位置には存在しないというのは明らかである。以下では、さまざまな条件の下でその軌跡のどの部分に位置することになるかという問題を考察する。

初期点にある取引指数を、契約曲線に到達するまで、Bの無差別曲線に沿って契約曲線の方向へ動かすことは、つねにAの利益となる。したがって、かれがどのような状況でそうすることができるかを議論する必要がある。

Bがかれ自身のために交渉をしている個人であるとき、あるいは自分のために交渉に参加しお互いから完全に孤立しているような個人の集団であるとき、あるいは社会主義共同体のように、単一の組織として取引に参加する——小麦を購入するときのように——団体のために交渉をしている役人であるとき、Aは、Bの無差別曲線に沿って取引指数を契約曲線のほうへ動かすことができる。たしかに、慣習や付随的な便利さのような外在的な理由によって、Aがこの能力の行使を慎むかもしれない。しかし、その能力は潜在的に存在し、したがって一般的には、均衡軌跡は需要曲線上の妥結軌跡のBの部分には存在せず、契約曲線上の妥結軌跡のBの部分に存在する。

しかし、もしBが、おのおの独立の意思を持った人々のための交渉代理人であり、その人々のうち、合意された契約が以前より不利な状況をもたらすと考える人がその契約を実行しないことが可能であれば、異なる結果が生じる。この各人が、交渉の対象である商品の一単位のみを管理している、あるいはより一般的に言えば、各人が全体にたいして無視できるほど小さい量のみを管理していると想定する。この状況では、交渉参加者Bは、交換条件を受け入れることはできない。もしかれが取引指数を、需要曲線と供給曲線の交点における妥結よりも不利な契約曲線上の点に設定しようとすれば、取引指数は、かれの顧客のうち個別に損失を受ける人々の離脱によって、Bの需要曲線上の点にまで下落する。したがってこの場合、均衡軌跡は、契約曲線上の妥結軌跡のBの部分には存在せず、需要曲線上の妥結軌跡のBの部分に位置する。

上と同様の提案は、需要曲線および契約曲線上の妥結軌跡のAの部分にかんしても当てはまる。したがって、われわれは以下の一般的な結果を得ることができる。

①取引参加者双方がともに、みずからが用いるために財を購入する個人や団体であるときには、均衡軌跡は契約曲線上の二つの妥結軌跡と一致する。

②取引参加者双方がともに、独立した意思を持った多くの成員のために交渉をしている団体であれば、均衡軌跡は需要曲線上の妥結軌跡と一致する。

③取引参加者の一方Aが自分で用いるために財を購入する個人や団体で、もう一方Bが独立の意思を持った多くの人々のために交渉をしているのであれば、均衡軌跡は契約曲線上の妥結軌跡のAの部分と、需要曲線上の妥結軌跡のBの部分にある。

S11　ある団体が、各自の購入量が総算出にたいして小さく、各自が団体の管理する財をほかの人に譲渡することができないという意味でお互いに孤立しているような多くの顧客と取引しているとき、上述の事例とは異なる特殊な事例が生じる。この種の譲渡不可能性は、鉄道や与信機関のサービスにあてはまる。どちらの場合も、独占者が供給を拒んだ相手が間接に商品を手に入れることは困難である。同じ特徴は、路面電車、水道、ガスのようなサービスにも、さらに強く当てはまる。これらのサービスは、一つの供給場所から切り離すことができない。

以上の条件が実現しているとき、団体と顧客の一人ひとりとの交渉は、独占者同士のようになされ、均衡軌跡の一部は、その団体がその立場を利用すれば、契約曲線上の妥結軌跡の顧客の部分に位置するようになる。しかし定義上、各顧客の購入は団体の総産出にたいして小さい。したがって、個別に交渉するこのような顧客が、取引指数を、契約曲線上の妥結軌跡の団体の部分に位置させることは不可能である。もし取引指数がその部分にあるなら、団体は即座にその顧客の一部を放棄し、取引指数は動径ベクトルを需要曲線の団体の部分に下落させるだろう。これだけではない。取引指数が、この曲線と顧客の複合需要曲線との交点以外の、団体の需要曲線上に位置するというのは同様に不可能である。というのも、もしそこに位置していれば、定義上顧客は団体を形成していないので、取引指数が上記の交点に移動するまで購入を増やすのがつねに顧客側の利益になるだろう。したがって、各顧客との交渉にかんする均衡軌跡は、契約曲線上の妥結軌跡の顧客の部分以外には位置することはありえない。団体の交渉の総量にかんしては、均衡軌跡は複合契約曲線上の妥結軌跡の顧客の部分以外には位置することはありえない。貨幣の限界効用が一定であるとするなら、これは以下のことを意味する。すなわち、販売量は一点に決定され、自由競争下で実現する量と等しいが、それと交換に引き渡される貨幣は、自由競争下での量と、財から得られる顧客の余剰のすべてを吸収するのに十分な、別のより大きな量とのあいだで非決定となる。

団体がその立場を生かしてこれを実現するための方法について、わたしは、エコノミック・ジャーナル誌の以前の論文で議論した。もっとも重要なものは、ⓐ差別価格とⓑ商品の最低販売単位を技術的に可能な単位よりも大きくする大口販売制である。これらの手段を利用するための現実的な困難については上述の論文で考察した(5)。

S12　つぎに、均衡軌跡のAの部分とBの部分に対応する交換比率の範囲がどのような条件に依存するかを考察する。均衡軌跡のAの部分が大きければ大きいほど、理論上Bは、Aにより不利な交換比率を押しつけることができる。これは、均衡軌跡のBの部分にかんしても同様である。取引対象の商品の一つの限界効用がどちらの取引参加者にとっても一定であれば、以下の提案を証明することができる。

第一に、所与の需要条件の下で、均衡軌跡のB（あるいはA）の部分が契約曲線上にあるなら、その範囲は、同じ条件の下で均衡軌跡が需要曲線上にあるときよりも大きい。この提案は容易に証明することができる。というのも、Q_1を通るAの無差別曲線は、（純粋）契約曲線のBの部分にあるはずであるからである。そして、動径ベクトルは無差別曲線と一度しか交わらないので、Q_1を通る動径ベクトルは、無差別曲線よりも、Pに近い点で契約曲線と交わるはずである。

第二に、妥結軌跡の二つの部分の範囲は、二つの需要曲線の弾力性に依存する。需要曲線上の妥結軌跡の部分にかんしては、この問題はわたしの以前の著作『産業平和』で考察した。そこでの結論は以下のようなものであった。すなわち、妥結軌跡のBの部分の範囲は、Bの需要曲線の関連する部分の弾力性が小さければ小さいほど、Aの需要曲線の弾力性が大きければ大きいほど、大きくなる。契約曲線上の妥結軌跡にかんしては、Bの部分の範囲は、二つの需要曲線が交わる点の左方の任意の点でのBの需要曲線の弾力性が小さければ小さいほど、大きくなるということは容易に証明できる。というのも、需要曲線の方程式が$y=\phi x$であり、原点を通る無差別曲線の方程式が$y=\psi x$であるなら、$\psi x=\int_0^x \frac{\phi x}{x}dx$の数式が得られる。したがって、一定の値$a$が$x$に加えられるなら、$\phi x$が小さければ小さいほど$\psi x$は大きく、需要曲線の弾力性が小さければ小さいほど$\phi x$は小さくなる。$A$の需要曲線の弾力性はこの場合には無視できる。

第三に、交渉に参加する独占者の一方が最終消費者ではなく、消費者への販売業者であるような特別な事例では、妥結軌跡の二つの部分の範囲は、独占者が消費者にたいして独占力を行使しているかどうかにおうじて変化する。交渉に参加する独占者は、企業団体や労働組合のように、得られた条件で契約することを個別に拒否できる成員のために交渉しており、契約が完全に需要曲線上で行われるとまず想定する。(6) しばらくのちに、企業団体がその製品の消費者にたいして一方的な独占力を行使する団体になったとする。この変化は、可能な賃金率の範囲を変化させるであろうか。

この問題は二つの段階で解決しなければならない。第一に、消費者にたいする独占力とは別に、企業団体がより強固な団体になったことによる影響、そして第二に、強固な団体になったこととは

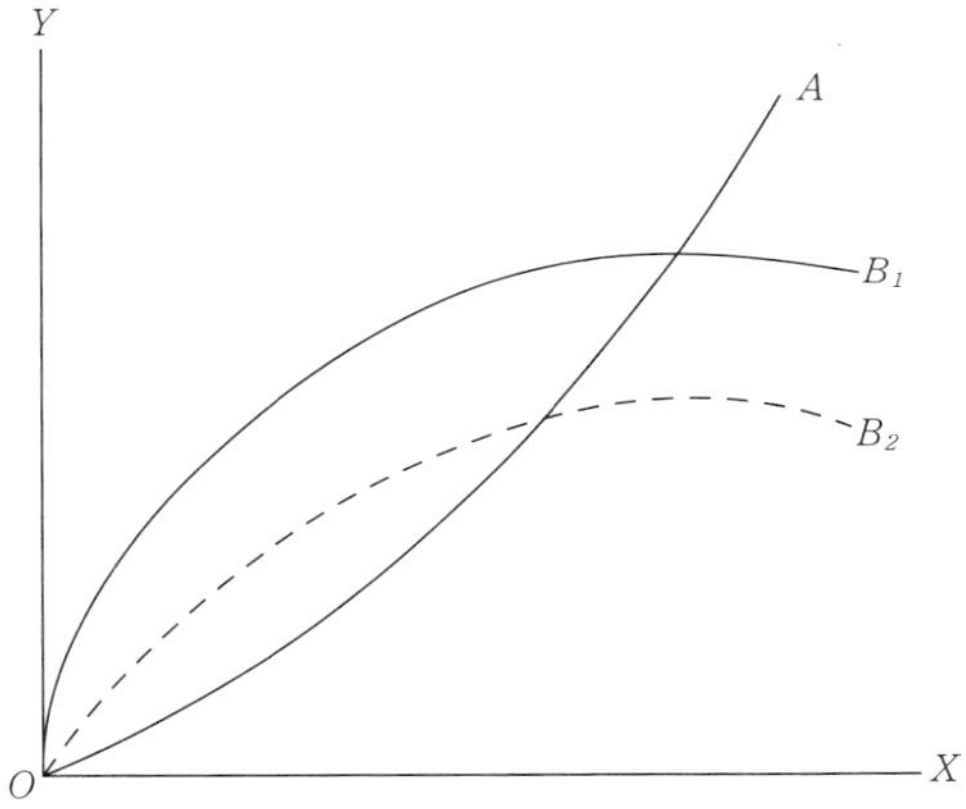

図 11－2

別に、新しく独占力を行使することによる影響の二つを分析することが必要である。(7)

強固な団体になったことによる影響は単純である。労働者が交換条件を実施させることが理論的に可能となる。労働者がこの機会を利用すれば、均衡軌跡は需要曲線上の妥結軌跡ではなく、この軌跡の労働者の部分と、契約曲線上の妥結軌跡の企業の部分とを占めることになる。上で示されたように、この変化は均衡軌跡の企業団体の部分を拡大するので、労働者にとっては明らかに戦略上の利益である。

消費者にたいする独占力の影響を分析するのは、より困難である。雇用量をx、価格をpとすると、以前の労働需要曲線は

$$p=\phi x$$

という数式で表されるが、新しい労働需要曲線は、

$(\phi x - p)x$ の最大値を与える数式によって表される。すなわち、

$$p = \phi x + x\phi' x$$

となる。したがって、本稿で用いられている記号で、独占力を得るまえの企業団体の労働需要曲線が OB_1 であり、その後の労働需要曲線が OB_2 であれば、OB_2 は OB_1 の下方に位置するはずである。上の式に含まれる関数の二次あるいはそれ以上の導関数を無視できる場合には、均衡軌跡は全体として範囲が小さくなることを示すことができる。あらゆる場合において、均衡軌跡は労働者にとって不利になるように変化するということを示すことができる。というのも、新しい位置においては、以前よりも低い賃金率のいくらかが新しい範囲に含まれ、以前に含まれていた高い率が含まれなくなるからである。この二つの変化は両方とも労働者を戦略的に不利にする。

したがって、企業団体が強固な団体になること単体、あるいは消費者にたいする独占力を獲得すること単体ではなく、その両方の変化が可能な賃金の範囲にどのような影響をおよぼすかという問題にたいしては、労働者が労働を一括で提供することによって交換条件を実行することができるかどうかによって異なる解答をしなければならない。労働者が一括で労働提供するのであれば、可能な賃金範囲は改善され、反対にそうでなければ、その範囲は不利なものになる。もちろん、実際上労働組合はそれまで、交換条件を用いた交渉を行う——ましてそれを実行する——という困難な作

業を実現する能力がなかったのであるから、企業団体の変化にともなってそれが実現できるようになると期待するのは無理なことかもしれない。(8)

B

つぎに第二の問題をあつかう。所与の需要と供給の条件のもとで、取引指数が均衡軌跡上のどの点に決まる確率が高いかという問題である。この問題の解決には、ⓐもっとも確率の高い位置、ⓑどの範囲のほうが他の範囲よりも指数が落ち着く可能性がより高いかの二つを決定する必要がある。

S13　まず、需要と供給以外の他の力にかんしては何も知らないと想定する。この他の力が、一方の独占者により有利に働くと考える理由はない。しかし、そうでないとすれば、われわれはその不均等さに気づくはずであると考えられるので、一般的な状況が分かるとすれば、その他の力は双方に平等に働くというのがもっともありうることである。しかし、平等に働くとすれば、もっともありうる結果は、両者が引き分けと考える結果である。

どのような結果を引き分けと考えることができるかという問いにかんしては、ジャナコーネ教授の「交渉の理論にかんする論争的問題」という論文に興味深い議論が提供されている。(9)当事者双方が取引から得られる満足が互いに等しいとき、それを引き分けと見るべきであろうか。それとも実現した取引が、均衡軌跡上の比率の上限値と下限値のちょうど真ん中であるとき、それを引き分けと見るべきであろうか。いくつかの案のうち、どれがほかの案よりももっともらしいかを決定するのは容易ではない。困難はこれだけではない。最後の案——可能な範囲の真ん中の比率——を採用するとしよう。これは正確には何を意味するだろうか。Aにとって$1y$にたいして$5x$を受け取るのがちょうど利益になり、Bにとって$1y$にたいして$10x$を提供するのがちょうど利益になるとき、中間の比率が$1y$にたいして$7.5x$であるというのは明白である。しかし、これは、$1x$にたいして$\frac{1}{2}\left(\frac{1}{5}+\frac{1}{10}\right)y$という別の結果よりも正当化できるものであろうか。この二つの比率は中間の値とみなすのに等しい根拠があり、たんに異なる単位をとることでどちらか一方が当然のように見えるだけではないであろうか。(10) しかし、この種の議論はすべて、現実的な関心というより学問的な関心事である。というのも、賃金契約のような現実の交渉においては、当事者双方が現実的に引き分けと考えるなんらかの特定の率がやはり存在するとわたしは考えるからである。この率は一般に、利用される特定の単位にかんして、たまたま当然のように見える「中間の率」であると想像できる。均衡軌跡が需要曲線上の妥結軌跡のAの部分と契約曲線上の妥結軌跡のBの部分からなるような特別な事例において、この解決は間違いなく満足のいくものではない。というのも、Aの部分の率はたんなる率であるが、Bの部分の率はAによって販売量も強制されることをともなうからである。したがってこの場合、当事者は、ちょうど中間よりも均衡軌跡のBの部分の端点に近い比率を引き分けと考えることに同意するであろう。しかしこのような状況は、現実にはまれである。一般に、均衡軌跡上の二つの端点のあいだの距離を二等分することが引き分けとなるであろう。(11) したがって、当事者双方にたいして力が平等に加わるときの結果としてのこの中間の比率は、一般に取引指数のもっともありうる位置である。

もっともありうる位置が与えられたとすると、ほかの可能な位置に落ち着く確率は、最大の確率を表す点から離れるにつれて次第に小さくなり、均衡軌跡の二つの端点が最小の確率を表すような座標の数列で表すことができる。

しかし、以上の結果が有効であるとしても、ほとんど実際上の利益はない。というのも、均衡軌跡上の取引指数の位置を決定する要因を知ることができないなら、当事者双方に作用する要因が不均等ではないという想定のもとで導出された、現在のもっともありうる位置にかんする確率は、もっともありそうにない位置にかんする確率とくらべて、きわめて小さい差異しかないからである。現実的には、われわれの無知がここで想定される程度に大きいものであれば、均衡軌跡のどの点も、取引指数が落ち着く確率においてほかの点よりも大きく異なるということはないと認めなければならない。

S14　第二に、取引指数の位置に作用する要因にたいする知識が増加し、交渉当事者の相対的な個別の状況が分かるとする。しかし、大まかに偶然の状況と呼ぶべきほかの要因は知ることができないとする。

相対的な個別の状況を作用する要因には、以下のものが含まれる。すなわち、相対的な、性格の強さや能力といった個人的特質、破産することなくストライキや賃金紛争のような対立に耐える能力をもたらす相対的な富裕さ、寄付や同調的スト、消費者によるボイコット、金融機関による敵対者にたいする圧力などの、他者から援助を獲得する相対的な機会、相手をなし崩しにするための時間および空間における差別の有効性に影響する相対的な団結力、そして最後に、「結社結成（clubbing）」にかんするさまざまな手段にたいする法律の態度である。(12)

相対的な個別の状況が分かるとすると、均衡軌跡上において取引指数のもっともありうる位置は、需要と供給の力以外に、交渉当事者の個別の状況が唯一の要因であるときに占める位置になる。個別の状況が双方において等しければ、この位置は引き分けの結果の位置になる。それが等しくなければ、より強い当事者に有利な均衡軌跡上の点であり、その状況が均等でなければないほどよりそちらの方向に動いた点である。

第一の事例のように、取引指数がとりうる他の点にかんする確率は、最大の確率を表す点から離れるにつれて次第に小さくなる数列で表される。最大の確率を表す点が引き分けの位置であるなら、取引指数が均衡軌跡の一つの端点に落ち着く確率は、もう一方の端点に落ち着く確率と等しいが、最大の確率を表す点が引き分けの位置でなければ、そうはならない。

しかし、この事例と上の事例の主要な差異は、ありうる結果にかんする確率における差異である。もっともありうる位置ともっともありそうにない位置との確率における差異は、ほとんどの場合、拡大する。あるいはより一般的に言って、もっともありうる位置を真正な位置とあつかう際の確率誤差は減少する。

S15　最後に、前節で想定された知識にくわえて、取引指数の位置を決定する上で個別の状況と偶然の状況との相対的な重要性が分かると想定する。この場合われわれは、もっともありうる位置を真正の位置とあつかう際の確率誤差が、何も分からない状況よりも小さくなるということが言えるようになるだけでなく、この確率誤差を推測することができるようになる。取引指数が位置するであろう均衡軌跡の一部分を特定することができる。もちろん、この特定を正確に行うことはできないが、なんらかの一般的な示唆を行うことができる。個別の状況にたいして偶然の状況が重要でなければないほど、確率誤差はほとんどの場合より小さくなり、ありうる均衡軌跡はより狭くなる。

C

S16　需要と供給以外の力が制御できる場合、これらの力を制御する主体が均衡軌跡のどの部分に取引指数を落ち着かせるべきかという問題を議論する必要がある。一見すれば、その答えはエッジワース教授が述べたもの——すなわち、均衡軌跡上で最大総満足を実現する点——以外にはありえないであろう。取引対象のうちの一つの限界効用が一定で、取引当事者双方にとって等しいような特別な事例には、総満足は契約曲線上のすべての点において等しい。したがってこの場合には、最大満足を達成する一つの点が存在するのではなく、契約曲線上の交渉にかんしてエッジワース教授の原則は現実への指針を提供することができない。しかし、一般には取引指数がそこに落ち着けば、総満足がほかの位置よりも大きくなるような均衡軌跡上の一点が存在する。一般に、この点は取引指数のもっともありうる位置と一致しない。しかし、もっともありうる位置が引き分けの結果であればとくに、たとえそうでなくとも、均衡軌跡の二つの端点のどちらよりも、もっともありうる点に近い点が高い満足を実現するであろう。(13)

需要曲線と供給曲線がつねに変化しないのであれば、この推論は決定的であると思われる。しかし実際にはその両曲線は変化するので、ある時点である取引率が確立されると、現在産業に従事している人が離脱したり、あるいはその反対に外部者がその産業に引きつけられることによって、その率は将来の時点において曲線の位置や形状を変化させるであろう。したがって、ある時点で最大総満足を実現する均衡軌跡上の点は、一般的に、長期的にはそれを実現しない。ほかのところで議論したように、完全な功利主義的目的は概して、各時点において二つの組織の需要曲線が交わる点における妥結によって、もっともよく達成されるとわたしは主張する。(14)

注

（1）パレートの、独占力を行使しない売り手と買い手の交渉の説明を参照。「価格は、供給と需要によって変化される。ただし意識せずに」（*Cours*, Vol. I, p. 20）。

（2）しかし、マーシャル教授が指摘しているように、反対の結論をしめす別の考慮も存在する（*Principles*, 5th edition, pp. 494-495）。

（3）マーシャル、*Mathematical note on barter, Principles*, p. 845。物々交換が次々に一連の取引を行うことによってなされるとき、マーシャル教授はさらに、最終的な取引比率——言わば終り値——はCの関数であり、一定であると示している。しかし、本文の一般的結論は、物々交換がそのような一連の取引によって行われるということに依存しない。全取引が一回の取引で一度に起こるときでも有効である。

同様に——もちろん明らかに時間を含意する「終り値」をのぞいて——、数人の交渉参加者が買い手と売り手の双方に存在し、穀物市場でのように貨幣の限界効用が一定であるという想定で取引がなされる状況にかんする議論から時間の要素を取り除くことができる。根本的には、これら双方は、契約曲線上で取引を行う独占者の事例である。エッジワース教授の推論によって、両方の事例で、一般的な契約曲線の大きさ、すなわち不決定の範囲は、市場参加者が増えれば減少する。取引指数が落ち着く可能性のある契約曲線の部分は、マーシャル教授の議論によっても減少する。すなわち、企業と従業員の場合のように偏りが内在するときを除いて、市場参加者が増えれば、買い手と売り手の双方の交渉技術が等しくなる可能性が高い。交渉が一連の比率で行われる特殊な場合、これは、交渉参加者が多いほど、かれの用語では均衡比率からの分散が小さくなるというマーシャル教授の結果を意味する。「なぜなら、そこにいったん到達すれば、そこから離れることはないからである」（マーシャル、*Principles*, BK. V., ch. ii., and Appendix F, and Edgeworth, *Math. Psychics*, p. 42）。

（4）一部の場合には、この軌跡上の点が不安定均衡の点になる。便宜上の理由から、これらの点は軌跡の外にあるとみなす。

（5）"Monopoly and Consumer's Supply," *Economic Journal*, September 1904. たとえば郵便局は、「もっとも儲かる事業である半ペニーの短距離郵便にかんする競争から法的に保護されていなければ」（Acworth *Railways*, p. 59）、長距離郵便に有利な差別価格を維持することはできない。

（6）*Principles and Methods of Industrial Peace*, p. 211 参照。実質的にわたしは、この最後の場合は一般に、労働組合と企業団体との賃金交渉に相当すると主張した。しかしつぎのような制限も加えた。「かれらの交渉代表が、個別の利害ではその産業から退出するのが有利になる成員を財政的に補助して産業にとどまらせることが可能であったり、交渉相手からそうするように促されるなら、純粋な独占者の場合とまったく変わらない」（p. 211）。この理論は、企業団体に属する一企業および労働組合に属する一労働者が全体にたいして小さいときでなければ成立しないということも指摘すべきである。

（7）この問題に対するクラーク教授の議論は、私の意見では、この区別を導くことができないという理由で無効である（Cf. *Essentials of Economic Theory*, p. 465）。

（8）したがって、「雇用主が大きな団体に組織されているとき、賃金の可能な上昇幅は最大になる」というJ・B・クラーク教授の主張は正しいと思われるが、現実に達成される可能性のある賃金の上昇幅も最大になると示唆していることについては誤りである（Cf. *Essentials of Economic Theory*, p. 365）。

（9）*La Riforma Sociale*, August, 1907.

（10）この問題は、J・M・ケインズ氏に指摘されたものである。本章の草稿にいくつかの批判をもらったことにも感謝を示したい。

（11）需要曲線と供給曲線が対照であるなら、距離が二等分されれば、取引指数が二曲線の交点に決まる。

（12）法が介入しなければ、もっとも生産効率が高く、それゆえもっとも社会にとって有益である競争者のみが、その大規模生産者にとってもっとも脅威であるので、とくに犠牲になりやすいと指摘できる。

（13）Cf. Edgeworth, *Math. Psychics*, p. 55.

（14）*Principles and Methods of Industrial Peace*, Part II, ch. ii.

第12章　生産者余剰と消費者余剰

S1　本章でわたしは、貨幣で表された消費者余剰や生産者余剰が、消費者や生産者の満足の余剰を示す指数として用いられるときの問題を議論しない。そのような問題は、すでに十分に考察されているとわたしは思う。わたしの問題――論理的にはそれ以前の問題――は、貨幣で表されるような生産者余剰および消費者余剰を決定する方法にかんする問題である。この問題は、ヘンリー・カニンガム（Henry Cunynghame）氏の有名な「交換価値、独占および地代をあつかうための単純な幾何学的手段における改善」という論文で提起され(1)、カニンガム氏の著作『幾何学的経済学』にたいするエッジワース教授の論評で少し議論され(2)、わたしの論文「効用にかんする議論」で詳細にあつかわれた(3)。本章は、この議論を少し前進させることを目的とする。本章では長期的現象のみをあつかう。

S2　新奇な用語を用いることには反対があってしかるべきである。しかし現在の状況では、この方法によって失われるものより得られるものの方が大きいと思う。したがって、まず一連の用語（そのうちいくつかは新しい用語）の定義を行う。

任意の市場における任意の製品の所与の量 x の供給価格を、それ以下の価格では不可能だが、その価格においてちょうど $(x+\Delta x)$ 単位の生産をその市場で喚起することの可能な価格と定義しよう。[4]

同様に、任意の市場における任意の製品の所与の量 x の需要価格を、それ以上の価格では不可能だが、その価格においてちょうど x 単位の消費をその市場で喚起することの可能な価格と定義する。

任意の市場における任意の製品の所与の量 x の私的限界供給価格を、x から $(x+\Delta x)$ 単位への生産量の増加による、追加的な Δx 単位を生産する個人の（貨幣における）生産費用の変化と定義する。

同様に、任意の市場における任意の製品の所与の量 x の私的限界需要価格を、x から $(x+\Delta x)$ 単位への消費量の増加による、追加的な Δx 単位を消費する個人の（貨幣における）福利（ophelimity）の変化と定義する。[5]

任意の市場における任意の製品の所与の量 x の集団的限界供給価格を、x から $(x+\Delta x)$ 単位への生産量の増加による、すべての生産者の（貨幣における）総費用の変化と定義する。

同様に、任意の市場における任意の製品の所与の量 x の集団的限界需要価格を、x から $(x+\Delta x)$ 単位への消費量の増加による、すべての消費者の（貨幣における）総福利の変化と定義する。[6]

任意の市場における任意の製品の所与の量xの平均完全生産費用を、0からxまでのすべての生産量にかんする集団的限界供給価格の和をxで割ったものと定義する。

同様に、任意の市場における任意の製品の所与の量xの平均完全福利を、0からxまでのすべての消費量にかんする集団的限界需要価格の和をxで割ったものと定義する。

S3　以上で区別されたさまざまな価格は、生産量にたいして調整された曲線で表すことができる。生産にかんする曲線は、①供給曲線SS_1、②私的限界供給価格を表す曲線SS_2、③集団的限界供給価格の曲線SS_3、④平均完全生産費用の曲線SS_4である。消費にかんする曲線は、①需要曲線DD_1、②私的限界需要価格の曲線DD_2、③集団的限界需要価格の曲線DD_3、④平均完全福利の曲線DD_4である。生産に関する四つの曲線はすべてY軸の一点に起点を持ち、同様に消費に関する四つの曲線もすべてY軸の点から出発する。しかし、そのような起点での一致が曲線全体をつうじて維持されるとはかぎらない。したがって、それらの曲線のあいだの関係を考察するのが適切である。ここで用いるすべての曲線は長期的傾向のみを示すということを念頭におく必要がある。

S4　第一に、私的限界供給価格の曲線と集団的供給価格の曲線との関係を考察する。

xから（$x+\Delta x$）単位への生産量の増加による、追加的なΔx単位を生産する個人の生産費用の変化が、すべての生産者の総生産費用の変化と等しければ、任意の量にかんする私的限界供給価格と集団的限界供給価格は一致する。この結果に必要な条件は、一人の供給者の生産の変化が、間接的にほかの供給者の所与の生産にともなう費用を変化させないということである。総生産が一人の供給者によって担われているなら、この条件はつねに実現される。生産が多数の供給者に担われているときには、実現されない場合もある。たとえば、ある種の農業ではほぼこの条件が実現しているように思われる。この場合には、私的限界供給価格の曲線と集団的限界供給価格の曲線は一致する。

一人の供給者の生産量の増加がほかの供給者の所与の生産にともなう費用を増加させるなら、任意の生産量における私的限界供給価格は集団的限界供給価格よりも小さくなる。この条件は、ほかのものが等しいかぎり、複数の供給者が存在し、生産量とともに価格が上昇する原材料を用いている産業で実現される。この場合には、私的限界供給価格の曲線は、Y軸における出発点を除いて、集団的限界供給価格よりも下方に位置する。

一人の供給者の生産量の増加がほかの供給者の所与の生産にともなう費用を減少させるなら、任意の生産量における私的限界供給価格は集団的限界供給価格よりも大きくなる。この条件は、ほかのものが等しいかぎり、複数の供給者が存在し、生産量の増加が一般的な産業構造の改善をもたらす産業——その産業の生産が通常理解される意味での収穫逓増法則にしたがっているかどうかにかかわらず——で実現される。この場合には、私的限界供給価格の曲線は、Y軸における出発点を除いて、集団的限界供給価格よりも上方に位置する。

私的限界需要価格の曲線と集団的限界需要価格の曲線との関係は、ここまでの説明とまったく同

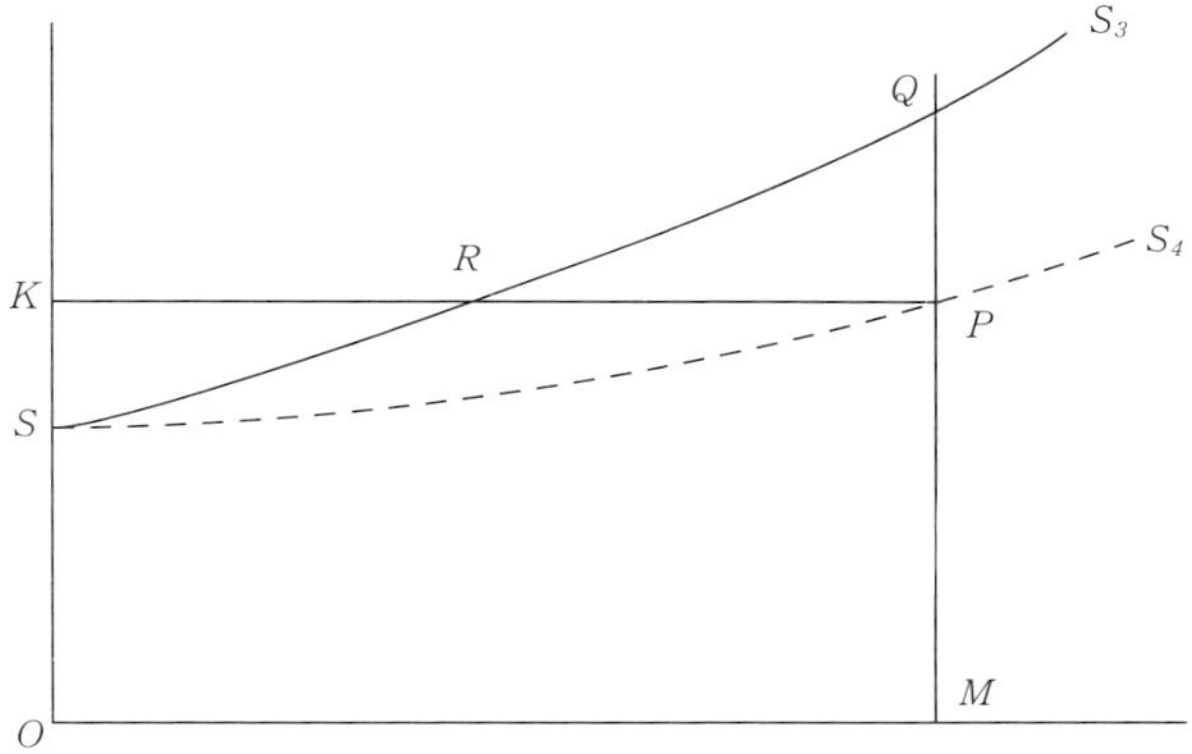

図 12－1

様である。二つの曲線は、一人の消費者の消費の変化が間接的に別の消費者の所与の消費にともなう福利を変化させないとき――この条件は、消費者が一人しか存在しないときには確実に満たされる――、一致する。一人の消費者の消費の増加がほかの消費者の所与の消費にともなう福利を減少させるなら――たとえば希少であるために価値のある商品の場合のように――、私的限界需要価格の曲線は集団的限界需要価格の上方に位置する。一人の消費者の消費の増加が別の消費者の所与の消費にともなう福利を増加させるなら――たとえば、一般的であるために需要される商品のように――、私的限界需要価格の曲線は集団的限界需要価格の曲線よりも下方に位置する。(7)

S5　第二に、集団的限界供給価格の曲線と平均完全生産費用の曲線との関係を考察する。

この関係は明確に表現できる。点QはSS_3上の任意の

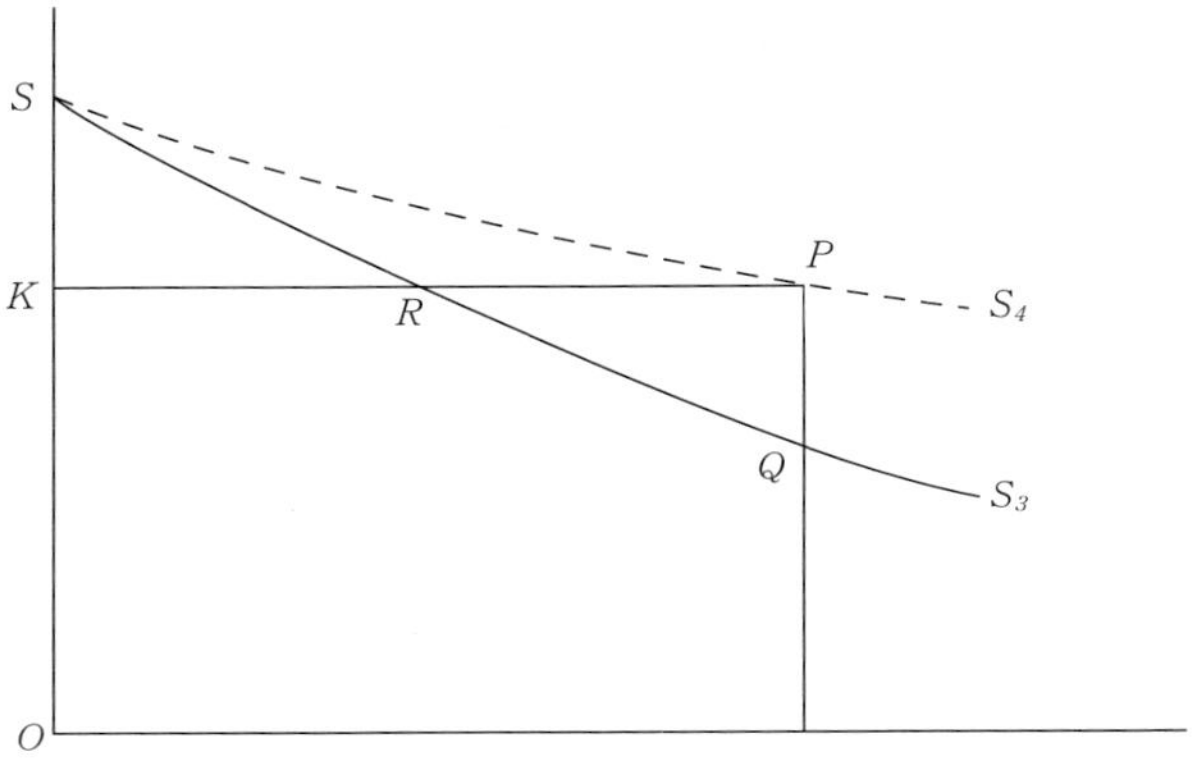

図 12－2

点であり、点Qを通る垂直の直線がSS_4と交わる点をPとしよう。

点Pを通り、点RでSS_3を横切り、点KでY軸に突き当たるような直線PRKを引く。

そして、SS_3が所与であるとき、点Pは、PRQの面積とRKSの面積が等しくなるような点になる。

SS_4が右上がりであるときのxのすべての値にたいして、SS_4はSS_3の下方に位置する。その一方で、SS_4が右下がりであるときのxのすべての値にたいして、SS_4はSS_3の上方に位置する。そして、SS_3の傾きが変化しないかぎり、点Pと点Qの間の距離は、右方にいくにつれて拡大する。以上のことは、SS_4の傾きがつねに同じであるときでも、最初は正の傾きで途中から負の傾きに変わるときでも、またその反対であっても、同様に有効である。

集団的限界需要価格の曲線と平均完全福利の曲線との

関係は、まったく同様である。供給のときと同じように描かれた図によって、DD_4の位置がDD_3の位置によって決定されることを示すことができる。DD_4が右上がりであるときのxのすべての値にたいしてDD_4はDD_3の下方に位置し、DD_4が右下がりであるときのxのすべての値にたいしてDD_4はDD_3の上方に位置する。(8)

S6　第三に、供給曲線と私的限界供給価格および平均完全生産費用の二曲線との関係を考察する。一見すれば、供給曲線SS_1と私的限界供給価格の曲線SS_2は一致するはずであるというのは明白であるように思われる。しかし、この二つの曲線の一致は、任意の数量xにかんする私的限界供給価格とxとの積が平均完全生産費用とxとの積を下回るときには実現しない。というのも、もしこの条件の下で、数量xが私的限界供給価格で販売されているなら、産業は全体として正常な収益を上げることができず、資本と労働はその産業から退出し、数量xにかんする私的限界供給価格では継続的に数量xの生産を喚起することはできないからである。したがって上記のような条件の下では、数量xにかんする供給価格はこの量にかんする私的限界供給価格を上回り、数量xにかんする平均完全生産費用に等しくなる。つまり、供給曲線SS_1は、SS_2がSS_4の上方にあるときのxの価値にたいして私的限界供給価格の曲線SS_2と一致し、SS_2がSS_4の上方にあるときのxの価値にたいして平均完全生産費用の曲線SS_4と一致する。これは、SS_4が右上がりであるか右下がりであるかに関係なく有効である。曲線$SRKS_2$が私的限界供給価格の曲線を表し、$SQKS_4$が平均完全生

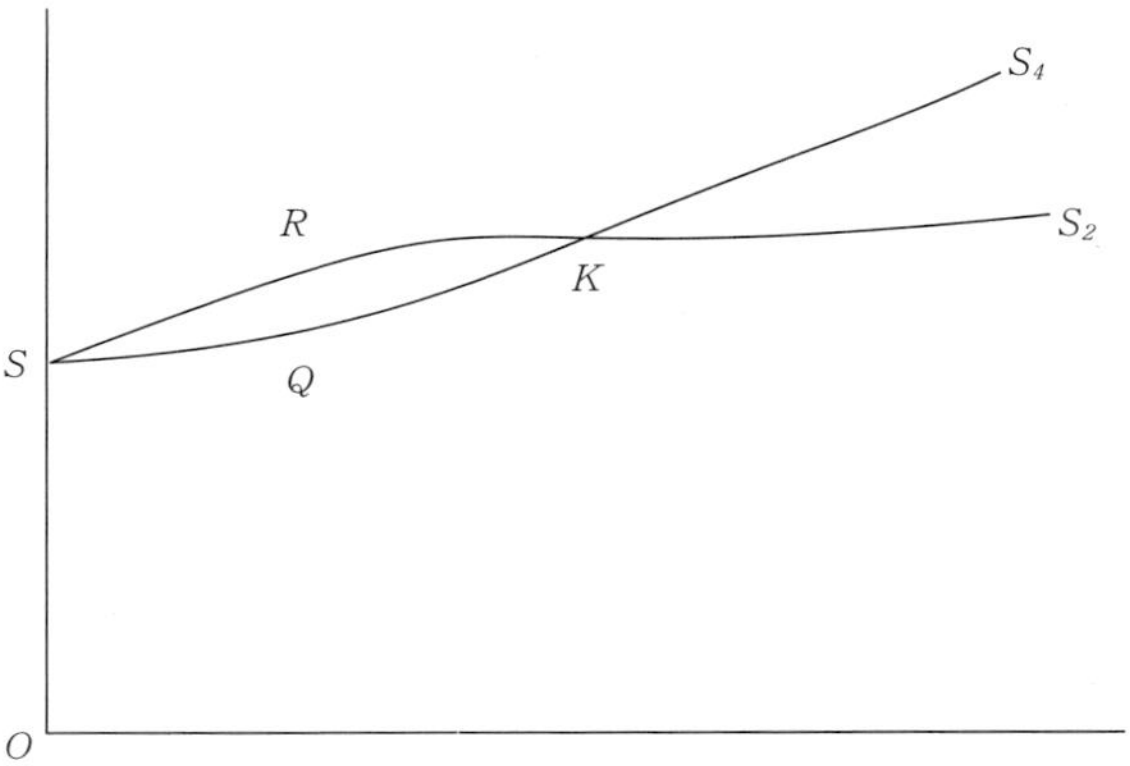

図 12－3

産費用の曲線を表すなら、供給曲線は $SRKS_4$ で表される。

ここまでの一般的結果は、私的限界供給価格の曲線と集団的限界供給価格が一致するような特殊な状況における含意を持っている。その場合には、供給曲線は、SS_3 が SS_4 の上方に位置するときの x の値にたいして集団的限界供給価格の曲線 SS_3 と一致し、x のほかの値にたいして平均完全生産費用の曲線と一致する。しかし、SS_4 が右上がりのとき SS_3 はつねに SS_4 の上方に位置し、SS_4 が右下がりのときにはつねに SS_4 の下方に位置するということをＳ５で示した。したがって、私的限界供給価格と集団的限界供給価格が一致するような特殊な状況においては、供給曲線は、右上がりであるときには集団的限界供給価格の曲線と一致し、右下がりであるときには平均完全生産費用の曲線と一致する。

需要曲線と、私的限界需要価格と平均完全福利の二曲

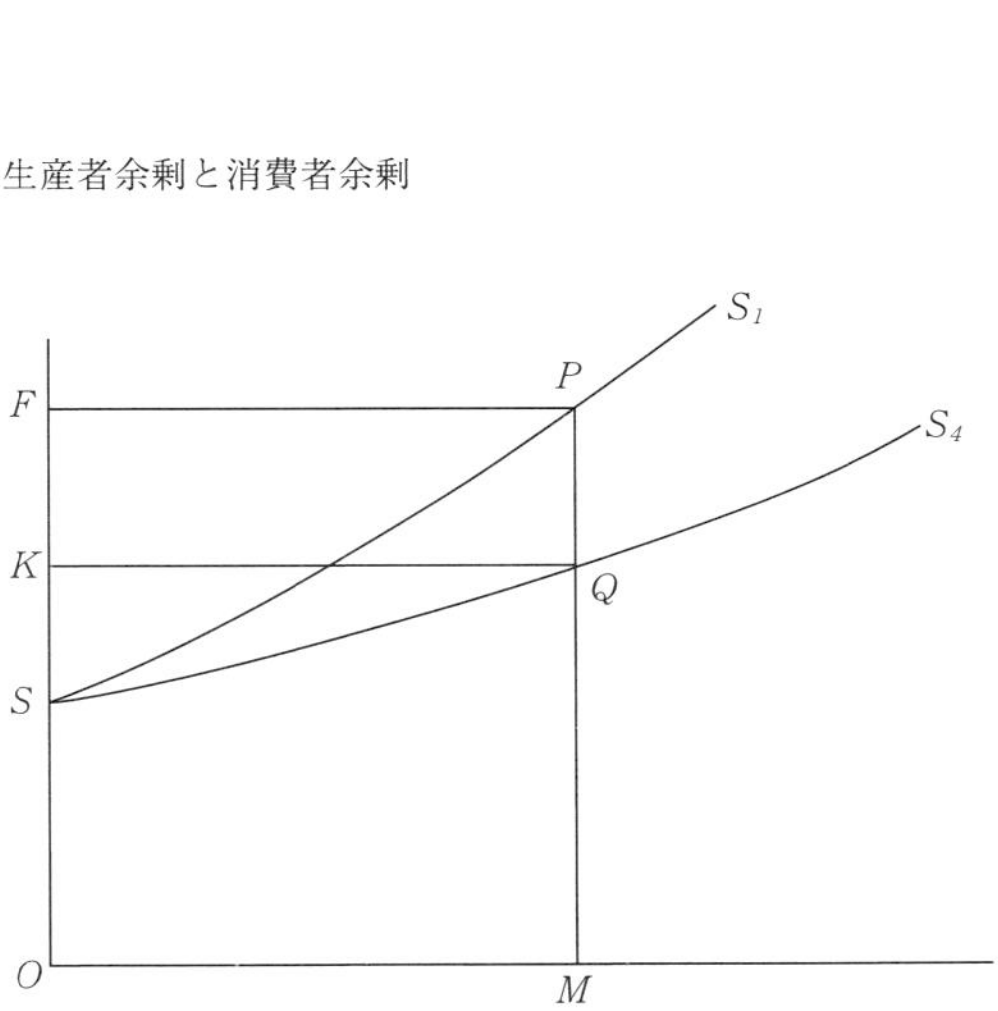

図 12－4

線との関係は上記の関係とまったく同様である。需要曲線DD_1は、DD_2がDD_4の下方にあるときのxの値にたいして私的限界需要価格の曲線DD_2と一致し、DD_2がDD_4の上方にあるときのxの値にたいして平均完全福利の曲線DD_4と一致する。これは、DD_4が右上がりであるか右下がりであるかにかかわらず妥当する。この一般的結果は、私的限界需要価格の曲線と集団的限界需要価格の曲線が一致するような特殊な状況における含意を持っている。つまり、需要曲線は、右下がりであるときは集団的限界需要価格の曲線と一致し、右下がりであるときは平均完全福利の曲線と一致する。

S7　以上の分析は、生産者余剰と消費者余剰を貨幣で表現するという問題を分析するのに有益である。議論はどちらの種類の余剰にかんしてもまったく同様である。したがって、以下では生産者余剰にかんしてのみ議論を行う。

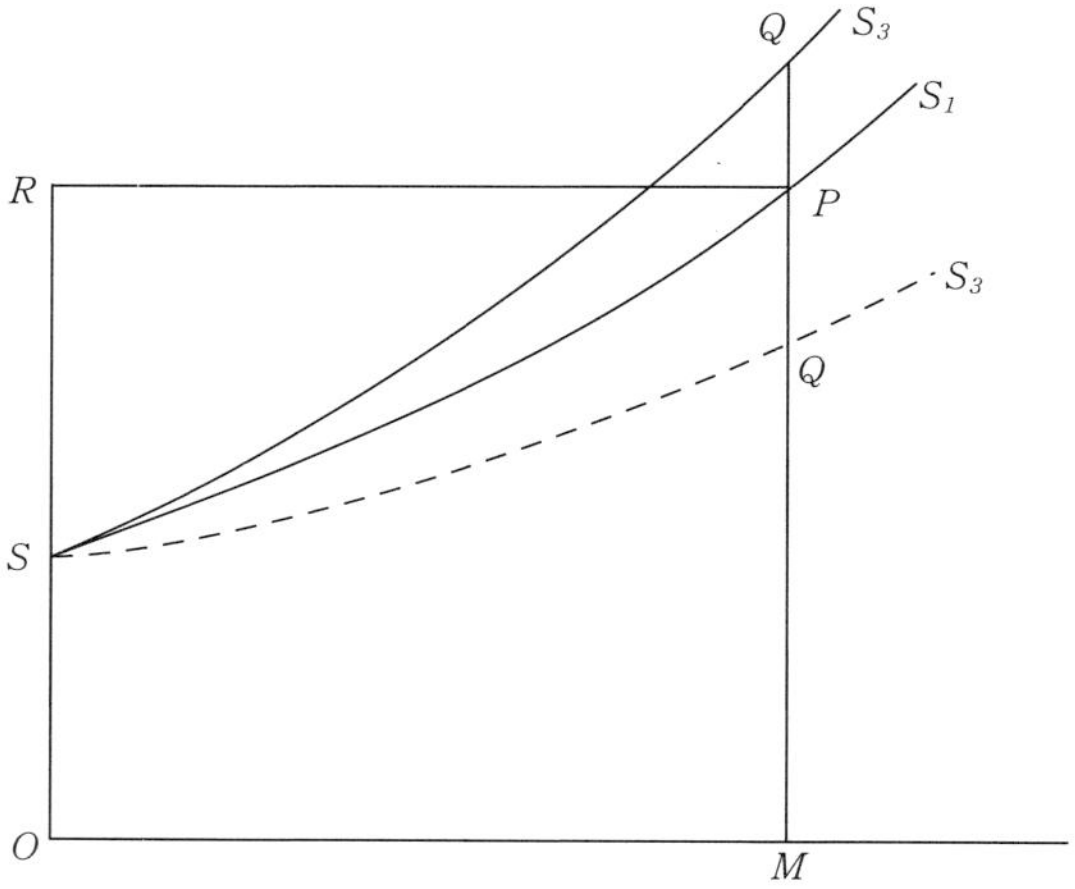

図 12－5

この問題のもっとも一般的な解決法は次のようなものである。

図12－4は上で用いた記号を利用している。そのときの供給価格は*PM*で、平均完全生産費用*QM*であるような数量*OM*が生産されているとき、生産者余剰はどのような状況でも長方形*PQKF*で表される。S6で示したように、*P*はある状況ではQと一致する。この場合には余剰はゼロである。余剰は負になることはありえないが、とても大きなものになる可能性はある。

供給曲線が右上がりであるとき、生産者余剰を表現するための上記の方法は、異なる方法によってマーシャル博士の分析と比較することができる。図12－5は、供給曲線と集団的限界供給価格の曲線SS_3を示している。SS_1上に任意

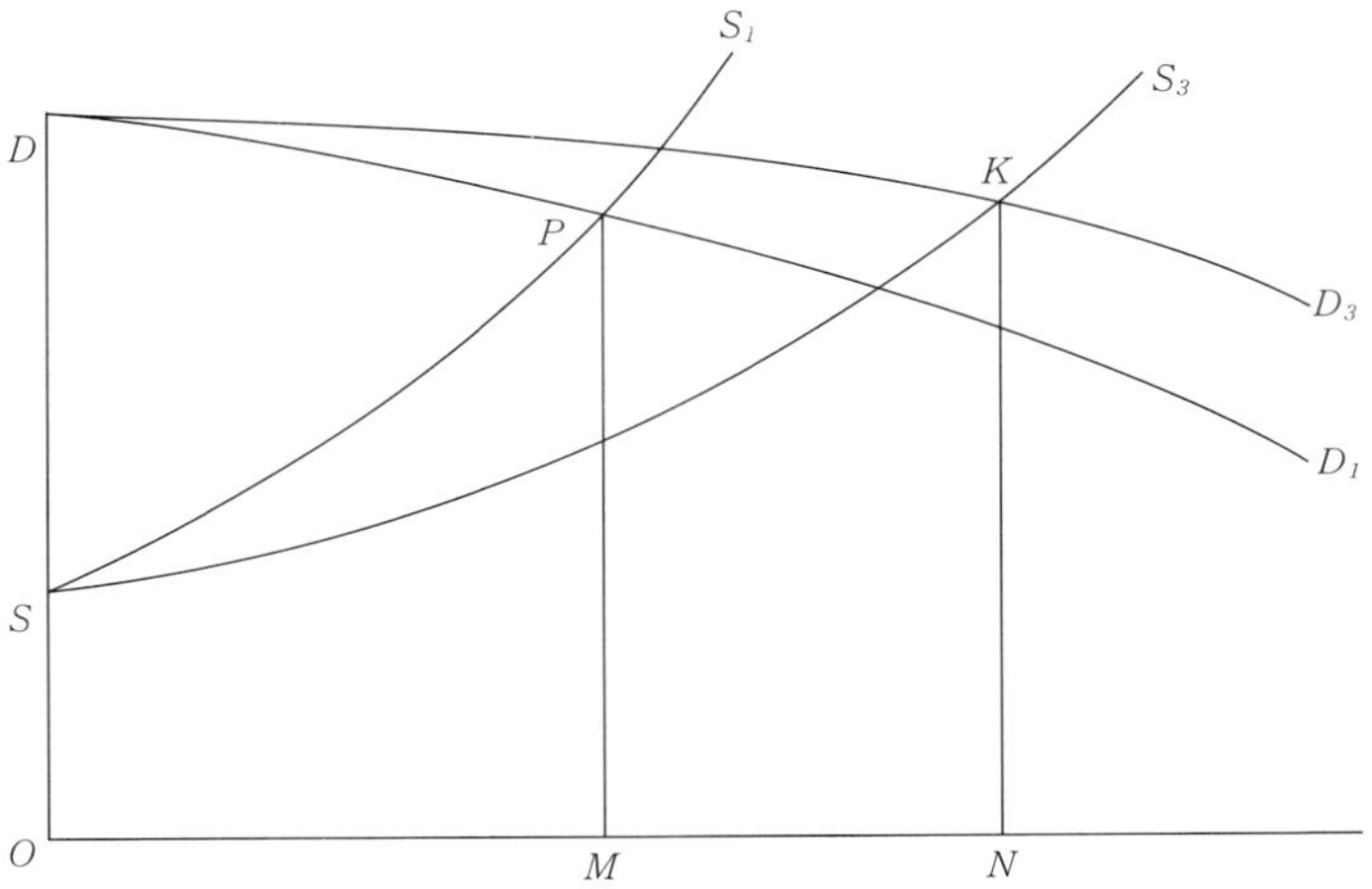

図 12－6

の点Pをとり、点Pを通ってそれぞれY軸とX軸に平行に直線PQMとOMを引く。このとき、数量OMが供給価格PMで販売されていれば、生産者余剰は長方形$ORPM$から$OSQM$を差し引いた部分と等しくなる。集団的限界供給価格の曲線が供給曲線と一致しているような状況であれば、余剰の大きさは領域SPRと等しい。SS_3がSS_1の下方にあるとき、余剰は領域SPRと領域SPQとを足したものに等しい。SS_3がSS_1の上方にあるとき、領域SPRから領域SPQを差し引いたものに等しい。

以上で生産者余剰にかんする議論は終わりである。消費者余剰にこの議論を適用するには、たんに言葉を入れ替えるだけでよい。

S8　この結果は、最大満足の学説との関連で重要な結論を導く。供給曲線SS_1および需要曲線DD_1、さらに集団的限界供給価格の曲線SS_3と集団的限界需要価格の曲線DD_3を描き、SS_1とDD_1の交点をP、X軸に垂直にPMを引く。このとき、貨幣にかんする生産者余剰と消費者余剰は、OM単位の商品の生産および消費によって必ず最大化されると一般にしばしば示唆される。しかし、われわれの分析から、この二つの余剰の和は、ON（NはSS_3とDD_3の交点に対応する数量）単位が生産され消費されているときに最大になると言える。この数量ONは、OM単位が生産されているときのSS_3とSS_1の差が、このときのDD_3とDD_1との差と等しいときにかぎり、OMと一致する。この条件はもちろん、SS_1がSS_3と一致し、かつDD_1がDD_3と一致するような特殊な場合を含む。この条件を満たさないときには、ONは曲線同士の関係におうじて、OMより大きいか、あるいは小さくなる。ONがOMより大きいような状況では、その商品の生産に補助金を付与することは、補助金がONを上回るほど生産を拡大させないかぎり、そして補助金の原資である税金の徴収に費用がともなわないかぎりにおいて、ほかのものが等しければ社会的に有益である。ONがOMより小さい状況では、その商品の生産に税を課すことは、税がONを下回るほど縮小させないかぎり、ほかのものが等しければ社会的に有益である(9)。

S9　ここまでの議論は確実なものであり、確率的な問題には言及がなされなかった。しかし、ここで、議論の余地のあるその領域に入り込むのは適切である。任意の数量xにかんする私的限界供給価格が以下の二つの部分からなると想定する。すなわち生産量全体xに依存する部分と一人の典型的生産者の生産量x_rに依存する部分との二つである。つまり、x単位の私的限界供給価格は、$\{fx_r+\phi x\}$となる。生産量がxから（$x+\Delta x$）に増加し、そのときの私的限界供給価格の変化をΔp_1、集団的限界供給価格の変化をΔp_2とする。このとき、

$$\Delta p_1=\Delta xf'+\Delta x\phi'$$

$$\Delta p_2=\Delta xf'+\Delta x\phi'+x\phi'$$

である。f'がϕ'と符号が異なる場合には、Δp_1とΔp_2の符合は異なるかもしれない。しかしf'とϕ'の符号が同じである場合は必ず、そして両者の符号が異なる場合でもほとんどの場合、Δp_1とΔp_2の符合は同じであろう。したがって、Δp_1とΔp_2の符合は一般的には同一になる。つまり、私的限界供給価格の曲線SS_2と集団的限界供給価格の曲線SS_3は同じ方向の傾きを通常、有する。しかし、SS_3が右下がりであるときはSS_4の下方にあるが、SS_4は、SS_1がSS_2と一致するとき、SS_2より上方にあることはありえない。したがって、SS_1がSS_2と一致し右下がりであるとき、SS_1はおそらくSS_3よりも上方に位置する。SS_1がSS_4と一致し右下がりであるとき、SS_1は確実にSS_3の上方にある。しかし、SS_1はSS_2かSS_4のどちらかと一致しなければならない。したがって、SS_1が右下がりであるとき、SS_1は通常はSS_3の上方にあるということである。しかし、もしSS_1がSS_3の上方にあれば、DD_1はDD_3の上方にあるか下方にあるか分からないので、SS_1とDD_1との交点は

SS_3とDD_3との交点より左方に位置する可能性が高い。したがって、供給曲線SS_1は右下がりであるとき、つまり通常理解される意味での収穫逓増の場合には、ONはOMより大きくなるであろう。したがって、あらゆる場合において、収穫逓増が存在していることが知られている場合、そしてそのほかのことが知られていない場合、ある一定の額を超えない補助金を付与することは社会的に有益であるだろう。

同様の提案は、供給曲線が右下がりであるときではなく、需要曲線が右上がりである場合にもあてはまる。

S10　上記の分析に関連のある別の問題が存在する。すなわち、ほかのすべてのものが同じであり、独占の要素が売り手か買い手に存在するとき、どの程度生産量が縮小するかという問題である。この分析は売り手か買い手のどちらに独占があっても同じであるので、売り手独占のみをあつかう。

新たな生産性向上が導入されることとはまったく別に、独占は私的限界供給価格の曲線の位置を変更させるため、この問題はより複雑になる。独占が生じるまえに私的限界供給価格の曲線と集団的限界供給価格の曲線が一致していれば、これは生じない。しかし、独占が生じるまえに私的限界供給価格の曲線と集団的限界供給価格の曲線が異なっていれば、これは必ず生じる。というのも、生産者が一人しか存在しなければ、私的限界供給価格と集団的限界供給価格は必ず同一になるからである。

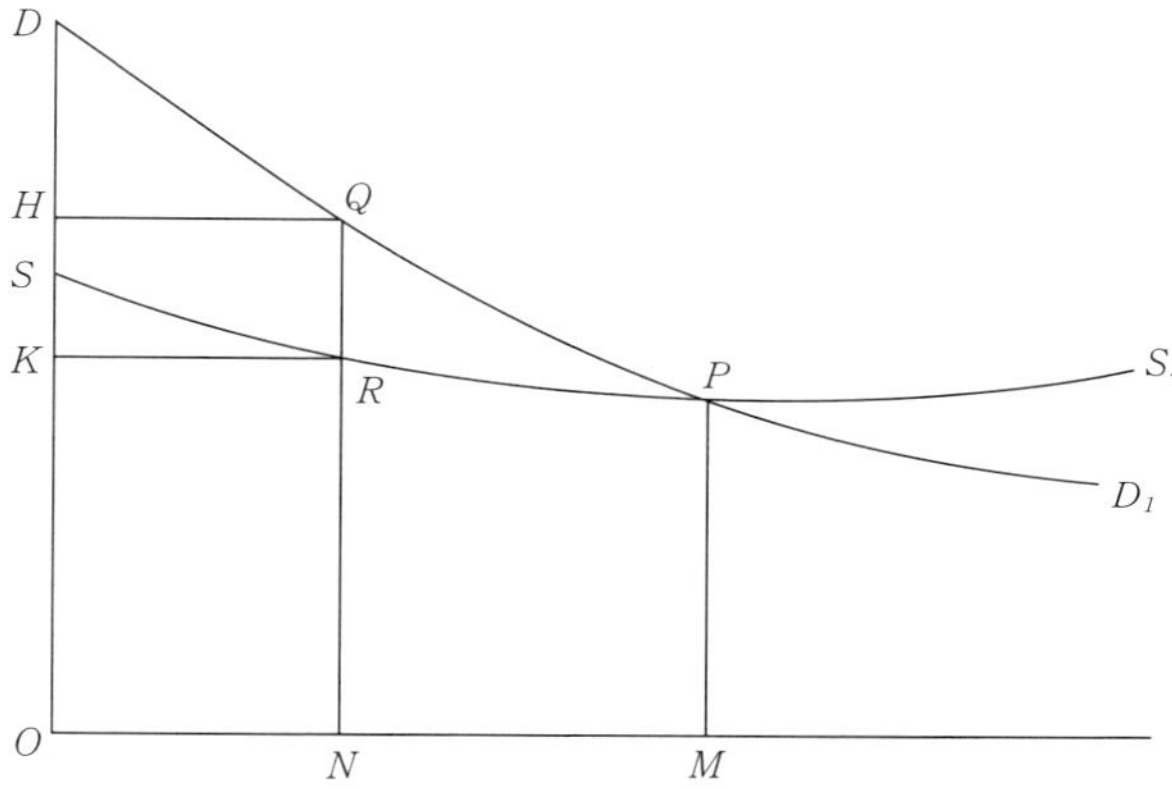

図 12－7

まずSS_2とSS_3が独占の以前と以後ともに同じである状況を議論しよう。このとき、S6で説明したように、供給曲線SS_1は、それが右下がりであるときのすべての値にかんして、SS_4と一致し、右上がりであるときのすべての値にかんして、SS_3と一致する。

第一に、供給曲線が右下がりであり、したがってSS_4と一致する状況を考える（図12－7）。このとき、DD_1とSS_4の交点がPであり、直線PMをX軸に垂直に引くと、自由競争のもとでの生産量はOMになる。同様に、独占の下での生産量はONであり、このとき長方形$QRKH$は最大になる。

第二に、供給曲線が右上がりであり、したがってSS_3と一致する状況を考える（図12－8）。SS_3とDD_1は点Pで交わり、直線PMをX軸に垂直に引くと、上と同様に自由競争下での生産量はOMである。しかし、独占下での生産量はこの場合明確には定まらな

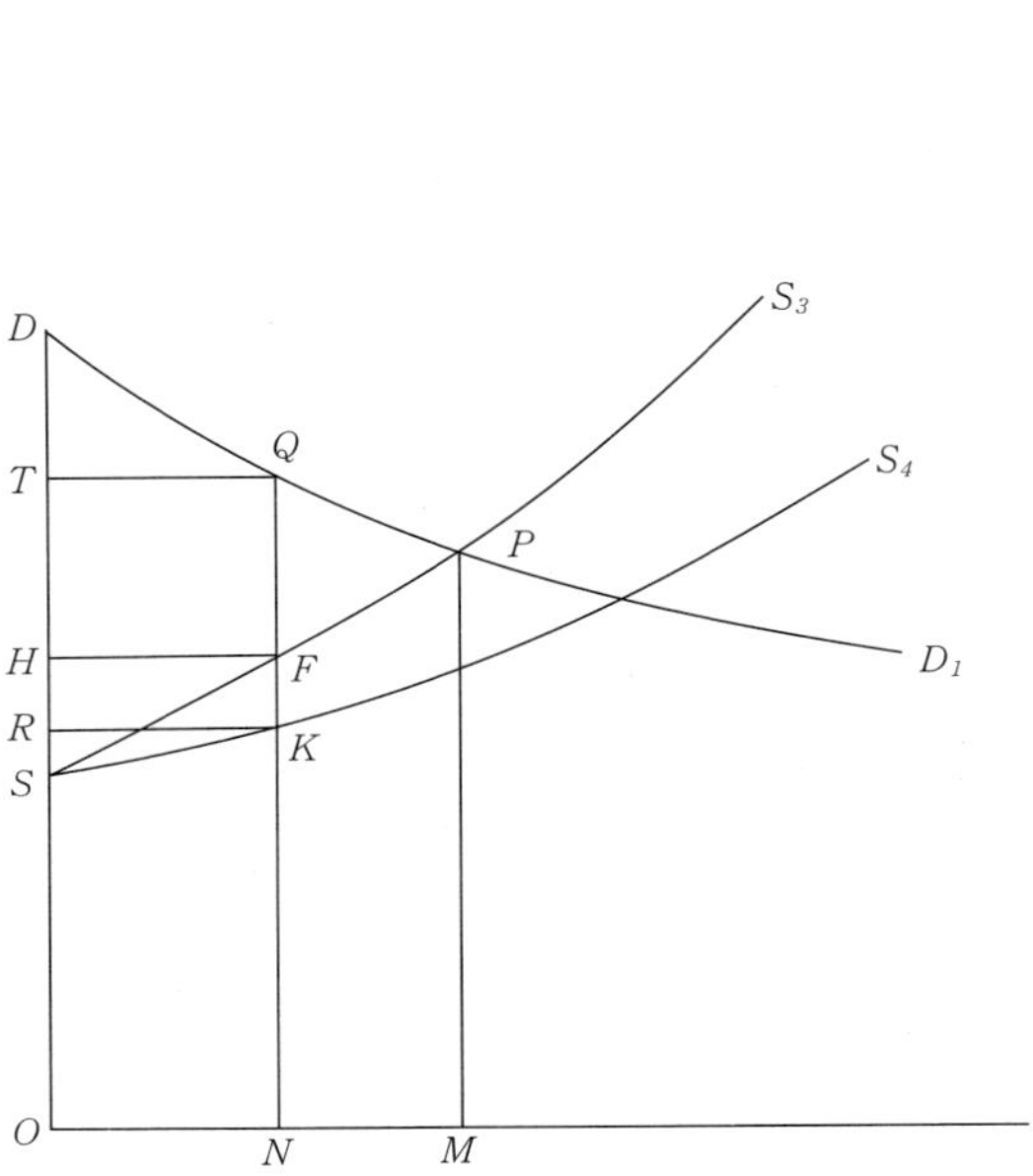

図 12－8

い。

もし独占的主体が生産者余剰に関心があれば、独占下での生産量 ON は、ON と、N をとおる垂直の直線上の DD_1 と SS_4 のあいだの垂直距離との積――すなわち、長方形 $QKRT$ ――が最大になるように定められる。この状況は、図12－7の状況とともに、マーシャル博士が第五編第一四章で分析している。

その一方で、もし独占的主体が、その成員に帰する生産者余剰のすべてを他者に支払わなければならないような主体であれば――たとえば、小作人が生産物を販売する目的で団体を形成し、土地を借りるためにお互いに競争しているような場合――、生産者余剰の大きさは独占的主体の考慮には入らない。このような状況では、独占下での生産量 ON は、ON と、N をとおる垂直の直線上のDD_1とSS_3のあいだの垂直距離との積——すなわち、長方形$QFHT$——が最大になるように定められる。

生産者余剰が独占主体の考慮に入るときと入らないときという、上記の二つの事例における独占の影響の比較は容易であった。SS_3が右上がりであるかぎり、SS_3上の任意の点Pは、点Pが右方に動くにつれて、SS_4上の対応する点よりも上方により離れて位置するようになる。したがって、長方形$QFHT$の面積を最大化するONの値は一般に、長方形$QKRT$の面積を最大化するONの値よりも小さい。つまり、独占の要素が加わったとき、独占的主体が生産者余剰に無関心であるときのほうが、それに関心があるときよりも、生産量はより小さくなるのである。各曲線が直線であるとき、この比較は正確な結果をもたらすことが指摘できる。DD_1の傾きの角度がθであり、SS_3の傾きの角度がϕであるとする。さらに自由競争化での生産量をαとする。このとき、独占的主体が生産者余剰を考慮しないなら、独占下での生産量は$\frac{1}{2}\alpha$である。もし生産者余剰を考慮するなら、生産量は、

$$\frac{\tan\theta+\tan\phi}{2\tan\theta+\tan\phi}\alpha$$

である。

独占が供給曲線の位置を変化させる状況、つまり自由競争の下で私的限界供給価格の曲線が集団的限界供給価格の曲線と乖離している状況をまだ議論していない。この場合には、自由競争下での生産量は、DD_1と、SS_4やSS_3ではなくSS_2との交点によって決まる。独占下での生産量は、状況におうじて、この節で議論した状況のうちのどれかの方法で決まる。したがって、独占による生産量の変化もそのように決定される。以上でのこの問題にたいする解についてすべて議論した。

注

(1) *Economic Journal*, vol. ii, p. 35, et seq.

(2) *Economic Journal*, vol. xv, p. 62, et seq.

(3) *Economic Journal*, vol. xiii, p. 58, et seq.

(4) この定義における面倒な表現は、供給曲線が右下がりである状況にかんする不明瞭さを避けるために必要である。というのもこのような場合には、x 単位の生産を喚起するには小さすぎる価格が、x 単位以上の生産を喚起することができるかもしれないからである。需要価格の定義における複雑さは、同様の理由で必要となる。

(5) ophelimity という言葉はパレート教授に由来する。この言葉は、一般的な英語の単語 utility にともなう一定のあいまいさから自由である。

(6) 完全な議論であれば、さらに、私的限界供給および需要価格にかんして実際価格と想定価格を区別する必要がある。というのも、人々が何かの商品の購入や、ある製品を生産するための支出から得られる満足の期待は誤りであるかもしれないからである。以下では、想定されたものは実際でもあると仮定する。

（7）上記の段落で言及した相違は、カニンガム氏の論文、および拙稿 *Some Remarks on Utility* で議論されている。

（8）拙稿 "Monopoly and Consumer Surplus," *Economic Journal*, vol. xiv, p. 888 参照

（9）これらの結果はもちろん、マーシャル博士の *Principles*（p. 467, et seq.）での議論と対立するものではなく、補完的なものである。

第13章　貨幣の価値

要　約

S9、10　この定式と交換方程式の関係

Ⅳ　S11-19　さまざまな条件下での法定貨幣の供給、非兌換紙幣の総量固定、貨幣供給の一部固定、鋳造の無料化、複本位制、鋳造手数料、金為替本位制

Ⅴ　S20　需要と供給

S21　金の生産と供給

S22　各種の要因に作用する共通要因

S23　時間要素

S24　需要と供給の相互関係の可能性

Ⅵ　S25　結　論

Ⅰ

S1　本章の執筆は、アンダーソン教授の最近の著作『貨幣の価値』に触発されて行われた。しかし本章は、その著作の内容には直接、触れることはない。というのも、アンダーソン教授の議論は基本的に論争的なものであるが、わたしの意見では、この主題にはもはや論争は必要ではないからである。「貨幣数量説」は、あたかも真偽を問うことのできる命題であるかのようにあつかわれている。しかし実際には、同理論の説明に用いられる定式はたんに、貨幣価値を決定する主要な要

因を、秩序だった方法で結合させるための手段にすぎない。対立する学派の有能な論者たちは、これらの主要な要因にかんして本当には、同意が実現しているとわたしは考えている。かれらは、それがたんに手段であるということを必ずしもつねに理解していないので、「数量説」の論理的装置をめぐって不和におちいるのである。それはまるで、図式を用いて一般的な価値論を説明する経済学者が、文章を用いたり、数式を用いたりする経済学者と争っているようなものである。これらの手段は、すべてたんに概念を秩序だって整理するための概念ツールである。それらの相対的な便利さや有益さにかんして議論するのは、もちろん適切であるが、この論争が、実際の経済問題にたいする根本的な対立を意味していると考えるのは大きな誤りである。「数量説」を巡る論争に参加している人たちは、あまりにも容易にこの誤りを繰り返しているので、この冒頭の段階においてわたしは、以下の議論がアービン・フィッシャー教授が『貨幣の購買力』のなかで解説した定式とはかなり異な（り、わたしが思うにそれよりも便利であ）るが、けっして「数量説」という、フィッシャー教授の明快な分析の「批判者」ではないということを指摘しておきたい。フィッシャー教授は、ある計画に沿ってかれの作品を完成したのであり、わたしは別の計画に沿ってわたし自身の作品を作る。しかし、われわれ両者の作品が同じ対象を描いたものであり、この二つの作品を見たものは、それらがともに同じ対象を描いたものであると理解するであろう。

S2　本章では、貨幣は法定貨幣（legal-tender money）を、貨幣の価値は、その法定貨幣一単位の交換価値を指す。この意味で価値という言葉を使うのが適切かどうかという点は――アンダーソン教授が非常に詳細に議論した論点であるが――、わたしには言語的な問題であり、科学的重要性を有しない論点だと思われる。一般に経済学者にとって、価値は「交換価値」を表すので、新しい用語を発明する必要性をわたしは感じない。しかし「貨幣一単位の交換価値」はもちろん、明確な定義なしには済まされない。何との交換価値なのか。その答えはもちろん、商品との交換価値である。しかし、商品――あるいは一部の人が好む言葉では「商品一般」――は、あいまいな用語である。わたしの著作『富と厚生』のなかの「国民分配の測定」という章では、商品一般という概念をどう解釈するべきかという問題について議論した。本章では、マーシャル博士が、かれの未刊行論文「国際貿易の純粋理論」（パンタレオーニ教授の『純粋理論』に収録）で採用した方法を用いて、貨幣以外のすべての商品の、ほかのものにたいする価値は、貨幣価値から独立に決定されると想定する。この想定の下で、商品一般の任意の組み合わせの価値は、任意の単一の商品を用いて表現することができる。つまりこの想定の下では、すべての商品の総計は、小麦のブッシェル数によって表すことが可能となり、貨幣の価値は、貨幣一単位が購入できる小麦のブッシェル数で表すことが可能になる。貨幣の価値はほかのすべてのものの価値と同様に、需要と供給の一般的条件によって決定される。したがって、貨幣価値に作用する要因を考察するためには、鉛やタバコに関心があるときと同様に、この二つのグループの要因にかんする詳細な分析を行う必要がある。以下でこの分析に移ろう。

Ⅲ　法定貨幣にたいする需要

S3　日々の生活において、われわれはつねに、法定貨幣にもとづいた契約義務を遂行するために支払いを行う必要がある。これらの支払いのなかには、商品を現金で購入するときのように店頭で行われるものもあれば、三カ月の手形で購入したときのように購入後の特定の期日に行われるものもあり、さらに、掛けで購入したときのように購入後の不特定な日に行われるものもある。つねに満期の来る一連の契約義務のほかに、同様に、満期の来る一連の請求権がある。しかし、満期になる契約義務と請求権は、お互いをちょうど相殺するということはめったにないので、その差異は、法貨の請求権の移転によって埋め合わせられなければならない。この項目のなかには、現実の法定貨幣（代用硬貨〔token coins〕もこれに含めてよい）、銀行紙幣、小切手を振り出すことのできる銀行口座残高が含まれる。もしある個人が、契約義務が生じたときにこれらの手段で対応できないときには、かれは不都合な状況をこうむることになり、破産を迫られるかもしれない。したがって誰もが、日々の生活上の取引を円滑に履行するため、そしてほかの商品と容易に代替可能でない商品が値上げされたときのように、突然の事態によって生じた不意の請求に備えるために、かれの資産のうち十分な額を法貨の請求権という形態で保有しようとする。この二つの目的——便利さと安全性——のために、一般的に人々は（銀行はここには含まれない。銀行についてはのちに論じる）、所与の小麦量の価値を法貨の請求権という形で保有しようとする。言い換えれば、かれらは法貨の請求権一単位にたいして、小麦のある量を、存在するすべての法貨の請求権の数で割った額に等しい需要価格を提示しているのである。こうして任意の時点において、法貨の請求権にかんして特定の需要表を描くことができる。小麦の量で表された、（銀行を除く）社会全体の資産の総額をR、その資産総額にたいして、社会が法貨の請求権の形態で保有しようとする資産額の比率をk、法定貨幣の単位数をM、小麦で表された、法貨の請求権一単位当たりの価値あるいは価格をPとしよう。以上の記号を用いると、上記の需要表は、$P=\frac{kR}{M}$という数式で表すことができる。kとRが一定であるとすると、当然これは双曲線である。

S4　法貨の請求権への需要表から、法定貨幣自体への需要表をみちびくことができる。その導出過程は以下のとおりである。人々が保持している法貨の請求権は、人々の手元や店のレジにある実際の貨幣あるいは銀行口座の残高という二つの形で保有される。残高が預けられている銀行が、そのすべての額を金庫に保管しているのであれば、法定貨幣自体にたいする派生需要表は法貨の請求権への需要表とまったく同じである。しかし実際には、銀行は、顧客のために保有している残高の一部に相当する準備貨幣しか保持していない。したがって、現在利用できる資源のうち、人々が現金で保有しようとする部分は、法貨の請求権への需要のうち、実際の法定貨幣に対応する部分と等しくなるが、銀行紙幣や銀行の残高で保持している部分は、それとは異なる、より小さな需要のみを生じさせる。したがって、総派生需要の規模は、人々の選択に部分的に依存している。実際の法定貨幣にたいする派生需要表は、元の需要表〔法貨の請求権への需要表〕のように、数式で表現することができる。法貨の請求権の総額のうち、代表的な個人が実際の法定貨幣（代用硬貨を含む）で保持しようとする比率をcとする。したがって、銀行紙幣や銀行残高で保持する比率は（$1-c$）となる。さらに、顧客が保有する紙幣や残高に備えるために、銀行が持っている実際の法定貨幣の比率をhとする。すると、実際の法定貨幣にたいする派生需要表は以下のようになる。

$$P=\frac{kR}{M}\{c+h(1-c)\},\ \text{すなわち}\ M=\frac{kR}{P}\{c+h(1-c)\}$$

cとhが、kとRと同様に一定であるとするなら、この方程式は以前と同じように双曲線となる。

S5　この数式は、いくぶん特徴のない見かけをしていることは否定できない。したがって、各変数にたいする、簡単な個別の議論を行うことによって、この基本的な枠組みを補強したい。第一に、小麦のブッシェル数で表された、社会の実質総商品資産であるRについて考察する。上の公式によると、ほかのものが一定であれば、Rが大きければ大きいほど、貨幣にたいする需要表は高くなる。したがって、人間が自然の力をより有効に利用できるようになれば、Rは一般に大きくなる傾向がある。たとえば各個人の生産性向上や、機械の発明・経営組織の改善をつうじた集団的効率性の向上があれば、Rが拡大する傾向が高い。しかし、この一般的な議論は、ある発明が、需要の弾力性が一以下であるような商品の生産を効率化する場合には妥当しない。というのも、そのような商品の生産量の増加は「小麦価値」の総額を減少させるので、法貨の請求権として人々が保持する必要のある「小麦価値」の総額を減少させるからである。これは、生産量の増加が小麦価値の総額をゼロにまで減少させるような極端な事例を考えれば、明らかである。

S6　第二に変数kを考える。社会の総資産の小麦価値を所与とすれば、法貨の請求権として保有される小麦価値の総額は、平均的な個人がそのような形態で保有しようとする資産の比率によって決定される。この比率は、その権利を保有することによって得られる便利さ、およびそれによって避けられるリスク、また将来の生産に向けることのできた資産をこの利用に向けることによって生じた実質所得の損失や、投資せずに直接に資産を消費することによって得られたであろう満足によって、決定される。これら三つの用途、すなわち便利さと安全性、商品の生産、そして直接消費は、おたがいに対立している。ここでは、直接消費という用途を特別に考慮する必要はない。それは、われわれが議論している主要な要因の影響を弱めることはあっても、それ以上の影響を持つものではない。実際には、事業家にとってきわめて重要な問題――同じような質問はすべての人が考える必要がある――は、カーバー（Carver）教授がよく指摘したように、「一ドル棚から取り出して引き出しに入れるのが利益になるのか、それとも一ドル引き出しから取り出し棚に入れておくのが利益になるのか[1]」ということである。

将来の生産に向けられる資産一単位によって新たに生み出される満足は、生産に用いられる資産の量が増加するにつれて減少するというのは、容易に理解できる。一人の個人がある商品の一〇〇単位目から得る満足は、九〇単位目の満足よりも小さいということは、誰も否定しないであろう。また収穫逓増が生じている場合でも、投資された資産の一〇単位目による生産物が、九単位目による生産物よりも大きな満足を生み出すほど大きくなるとは、誰も考えない。まったく同様のことは、法貨の請求権として保有された資産一単位によって生み出される満足にかんしても妥当する。貨幣が取引を容易にする手段として必要とされるかぎり、この点はつぎの文章によく示されている。「一部の取引は、貨幣を利用することなしには、ほとんど実行することができない。そのような場合に、貨幣の効用はとても高く、取引それ自体の効用、すなわち、取引がまったくできない状態から取引が可能になるという利益と等しくなる。一部の取引は、貨幣なしに行うには多大な困難をともなうので、貨幣の効用はこの場合きわめて大きくなる。いっぽうで、貨幣がなくても比較的容易に行える取引の場合には、貨幣の効用は低い。貨幣があってもなくても、まったく同じように取引ができる場合には、貨幣の効用はゼロである[2]」。同様の一般的推論は、安全性を提供する手段としての貨幣にかんしても、明らかに妥当する。以上のように、生産に用いられる資産、および貨幣として用いられる資産を必要とする度合いを表すそれぞれの曲線は、ともに下方に傾く。各用途に向けられる資産の最後の単位が、同じ水準の満足を生み出す点まで、資産は二つの用途に向けられる。ほかのものが一定であれば、生産用途が魅力的でないときほど、そして資産の貨幣用途が魅力的であるときほど、変数kは大きくなる。

生産用途の魅力が変化する主な理由は、産業活動による期待利益である。ある個人が、機械の発明や、自分の生産している商品の価格上昇を期待して、事業に投資されている所与の資産が、通常よりもはるかに大きな利益を生み出すと考えれば、かれはそうでない場合よりも、資産を生産に回すことに躍起になるであろう。反対の場合には、かれは以前よりも生産に消極的になるであろう。

貨幣用途の魅力を決定する要因は、これよりも複雑である。もっとも分かりやすいのは、日常の生活上の取引において、法貨の請求権の保有から得られる便利さである。これは、人々の労働にたいして賃金が支払われる間隔に、部分的に依存する。たとえば、ある個人が一年に一度だけ三六五ポンド支払われるなら、かれはほぼ確実に、同じ額を一日一ポンドずつ受け取る場合よりも、資産のうちの多くの比率を、法貨の請求権として保有するであろう。(3)それは、直接・間接にかかわらず、法貨の請求権に頼らずに債務の返済ができるように、産業組織が調整されているかどうかにも、部分的に依存する。この論点の重要性は、サー・セオドア・モリソン（Sir Theodore Morison）の『インドの一地方の産業組織』における議論のなかで、よく示されている。「過去にはきわめて多くの取引が、物々交換で行われていた。地代は現物で支払われ、耕作者と金貸しとあいだの債務は、貨幣単位で表されるが、通常は穀物で決済されていた。農場労働者や村の職人の賃金は、ほぼすべてが穀物で支払われていたので、過去には耕作者は貨幣をまったく利用することなく、毎年の多くの取引を実行することが可能であった。現在では村の自給自足が崩れ、貨幣を使用する状況は大いに増加した。間借り人は通常、家賃を貨幣で支払う。かれは、労働者に給料を支払うのに、穀物とともに貨幣を用いる。外国の製造品のうち、わずかな品目が一般にも利用されるようになった。それらは市場で購入されるが、そこでは貨幣が唯一受け入れられる支払い方法である(4)」。現代の先進工業国は、総じて見るとおそらく反対の方向性に向かっている。企業間の反対売買の大部分が、帳簿上の債務という手段で決済されていると思われる。ある企業が、別の企業から仕入れ、また別の企業に販売するとき、債務者に振り出された手形が債権者に転送されるので、二つではなく一つの手形を決済するための法貨の請求権しか必要とならない。株式会社手形交換所や鉄道手形交換所のような、銀行紙幣の利用を節約する手段や、多くの複雑な制度が利用されている。そのような制度の下で、決済日に債務はお互いに相殺され、差異のみが直接に処理されることになる。以上の要因とは反対に、さまざまな企業が一つの生産過程に特化する傾向があり、それが、最終製品の完成に要する取引を複雑にしていることも挙げなければならない。産業と間接的に関係のある、株式市場での投機などの事業が拡大していることも挙げる必要がある。

しかし、貨幣利用の魅力は、法貨の請求権の所有が、経済取引を便利にすることだけに依存しているわけではない。それは、ほかの重要な状況にも影響される。法貨の請求権の所有はつねに、一定の量の商品と交換することができる。明らかに、一ポンド紙幣と交換できる商品の量が、一年後に今よりも大きくなると人々が期待すると、ポンド紙幣を保有する誘引が強くなる。反対に、一ポンドが一年後に今よりも少ない商品しか購入できないと人々が期待すると、その誘引は弱まる。このように、一般物価が低下するという期待は、人々の法貨の請求権を保有しようとする欲求を増加させ、一般物価が上昇するという期待は反対の影響を持つ。このため、国が紙幣の兌換性を維持したり、回復したりできないと疑われれば、すぐにその通貨にたいする実質需要を押し下げ、その通貨で表されたものの値段を上昇させる。

S7　ここまで変数kに作用する要因を議論した。つぎに、変数c、すなわち法貨の請求権のうち実際の法定貨幣として、人々が手元や店のレジに置いておこうとする比率について考える。現金と銀行紙幣と銀行残高とのあいだでの選択は、おもに慣習や利便性に影響されるが、この点における人々の習慣は、あらゆる国で同じというわけではない。アービン・フィッシャー教授が、アメリカの近年の状況を伝えている。「将来、小切手の利用が十分拡大すれば、貨幣にたいする小切手の比率は、ほぼ一定になるというのはありえないことではない。しかし現時点では、われわれは転換期にあり、貨幣の代わりに小切手を利用するという手段が、驚異的な速度で拡大している。これは、現在の状況の主要な特徴であり、つぎのような予測の主要な根拠である。すなわち、すべての国が──何世代にもわたって小切手を利用している国でさえも──、貨幣と比較して小切手をより多く利用するようになる(5)」。

銀行紙幣を相対的に重要性の劣るものとして除外するが、以下の論点には注意する必要がある。第一に、実際の法貨として保有されている法貨の請求権の比率は、より多くの人が銀行口座を持つようになり、それゆえ銀行残高という代替的な形態で法貨の請求権を保有することができるようになると、小さくなる。より多くの人が銀行口座を持つと、銀行体系はより広範囲に及ぶようになり、より組織立ったものになるであろう。支店の拡大および小額口座の広がりは、さらに銀行利用者の数を増加させる。イングランドよりも、インドにおいて銀行貨幣に対する硬貨の比率がはるかに大きい主要な理由は、後者の国では銀行体系が不十分にしか発達していないということにある。

第二に、通常の取引で、小切手が受け入れられるようになればなるほど、法貨の請求権のうち実際の法定貨幣の比率は小さくなる。小規模な商人でも銀行口座を持つようになってきており、高賃金の労働者もそれに倣っているので、小切手はより一般的になっている。第三に、この比率は、小売店主が掛け勘定の支払いを長いあいだ、要求しなければしないほど、小さくなる。というのも、大きな額の支払いは、硬貨よりも小切手で行うほうが便利であるからである。社会のなかで豊かな人々の比率が高ければ高いほど、掛け勘定の平均的な額は大きくなる――きわめて豊かな人は、硬貨ではほとんど何も支払わない。一連の購入を対象とする掛け、あるいは購入時に毎回支払うのではなく、事前に支払った預け金での購入が一般的になればなるほど、実際の法定貨幣の比率は小さくなる。最後に、実際の法定貨幣を利用しなくても、銀行残高から直接支払いができるような制度が、より便利で、費用がかからないものであれば、この比率は小さくなる。小切手がわずかな税の対象になっていることは、この意味で重要である。もちろん、銀行の支払い能力に疑いが生じれば、法貨の請求権が銀行残高として保有されているときのリスクを高めるので、これは別の形態〔現金〕を有利にする――これが起きると、アメリカでの一九〇七年の銀行危機のときのように、甚大な被害を引き起こすかもしれない。

S8　最後に、変数h、つまり銀行が全体として、顧客への支払い義務に備えるために保有しようとする実際の法定貨幣の比率について考える。この比率を決定する要因は、変数k、すなわち一般に人々が、法貨の請求権として保有しようとする資産の比率を決定する要因と類似している。こここでの決定要因は、いっぽうで資産を準備貨幣として保持することによって得られる利便性とそれによって避けられるリスク、他方で資産が塩漬けにされることで犠牲になる利益である。犠牲になる利益はもちろん、変数kの関連で言及した、産業投資の一般的生産性によって決定される。したがって、銀行準備にかんする利便性および安全性のみ、ここで議論しなければならない。所与の額の資産がもたらすこの項目のもとでの利益は、以下の主要な考慮に依存する。

第一の要因は、準備金にたいする必要性を削減する、銀行部門全体での組織方法である。可能な手段としては、反対債務を互いに相殺する、詳細な手形交換所の取り決めや、手形交換所と関連した銀行のための銀行の下で、相殺ののちにも残っている純残高をその銀行の帳簿上の操作で履行するようなものがある。このような取り決めは、硬貨の使用を直接に減らすだけでなく、間接的にもそのような効果をもたらす。というのも、銀行を一つの共同体としてまとめ上げることによって、個々の銀行が新たに準備を必要としたときに、お互いを支援するようになる。これによって、個々の銀行に生じうる最大の流出額の総和に備える必要はなくなり、複数の銀行に一時点で生じうる最大の流出額に備えるだけでよくなる。前者よりも後者のほうが、はるかに少ない準備額しか必要としない。したがって、単一準備制度は、複数準備制度よりも、はるかに効率的に運用することができる。イギリスでは、最終的な準備の大部分がイングランド銀行に集中しているので、この国の銀行は全体として、（少なくとも最近の改革のまえの）アメリカの銀行よりも、安全に準備の額を小さく抑えることができる。

第二の要因は、銀行の負債の大部分がどのような種類の請求権によって構成されているかという問題である。もしその大部分が、法定貨幣の海外輸送を要求する可能性のある外国の預金者、あるいは国外貿易に主に携わっている国内の預金者による請求権であるなら、実際の法定貨幣——法定貨幣が金のような国際的に認められた貨幣の素材であるとき——が要求されるときには、手形交換所やその他の手段では防ぐことのできない流出を生じさせる。

第三の要因は、銀行の負債のうち、人々の手元にある銀行紙幣と銀行残高とのそれぞれが占める比率である。この点は重要である。というのも、現代国家の法律の下では、紙幣にたいして大きな準備を保持することが厳格に義務づけられているいっぽうで、(アメリカをのぞいて) 預金口座にたいする準備にかんしては銀行の裁量にゆだねられているからである。

最後に、銀行危機などをもたらすことにつながるような、人々の気性や、銀行制度にたいする一般的信用を考慮する必要がある。当然ながら、衝動的な人々に利用される新しい銀行は、冷静な人々に利用される、信用のある古い銀行よりも大きな比率の準備を必要とするだろう。

S9　以上で、貨幣需要方程式という基本的枠組みに補強を加えるための議論は終了した。この方程式が、「貨幣数量説」で馴染みのある「交換方程式」——これも需要方程式と呼ぶほうが適切である——と、どのような関係にあるかをさらに考察する必要がある。一見すれば、二つの公式は互いにかなり異なっていると思われるかもしれない。しかし実際には、この二つの公式がお互いに完全に整合的であることを容易に示すことができる。これを示すために、詳細に二つの公式を比較する必要はない。銀行の機能を無視すれば、両公式はともにきわめて単純な形態になる。すなわち、わたしの公式は、$P=\frac{kR}{M}$ という形態になる。この式と、同様に単純化された「数量説」との関係をしめすことで、十分である。数量説において、Tは総取引を、Mは法貨の請求権の量を、Vはその循環速度を、πは「商品」一単位当たりの貨幣価格をそれぞれ表す。「交換方程式」はこのとき、$\pi=\frac{MV}{T}$ となる。わたしの公式におけるPはものにかんする貨幣の価格であり、「数量説」におけるπは貨幣にかんするものの価格であるので、$P=\frac{1}{\pi}$ となる。

したがって、

$$\frac{kR}{M}=\frac{T}{MV}, \text{ すなわち } kV=\frac{T}{R}$$

明らかに生産と取引の所与の条件の下では、$\frac{T}{R}$ は一定とみなすことができる。したがって、kV も一定となる。これが理解されれば、二つの公式の関係は単純明快である。人々が以前と比べて、かれらの資産のうちの半分の比率を法貨の請求権として保有しようとすれば、循環速度は二倍になる。これはマーシャル博士によって明確に説明されている。「取引の流れのなかであれ、自分で利用するためであれ、一年間に小麦一万ポンドの価値のある財やサービスを貨幣で購入し、そして平均的に一〇〇ポンドの価値の購買力を貨幣として保持するなら、貨幣はかれに関するかぎり、その年に一〇〇回循環することになる。もしかれがその二倍の購買力、すなわち小麦二〇〇ポンド分の価値を通貨として保持するなら、通貨はかれに関するかぎり、その年に五〇回、すなわち以前の半分の速度で循環する。このように一般的には、ほかのものが等しければ、人々が通貨として保持しようとする購買力が増加すれば、循環速度を減少させる」。

S10　以上のように、わたしの公式と数量説で表される公式とのあいだには、矛盾は存在しない。しかし、両者を区別する点がまったくないというわけでもない。もちろん、わたしの公式のほうがより「真実」であるということではなく、二つの公式はともに等しく真実である。わたしが自分の公式を支持する理由は、たんに、そちらのほうが少しだけ効果的な分析道具であるということにある。わたしの公式は、「循環速度」の代わりに、人々が法貨の請求権として保持しようとする資産の比率に焦点を当てる。わたしが思うに、これは重要な利点である。というのも、一見して偶然で人為的に思われるような「循環速度」の代わりに、人々の意向――需要の究極的要因――に目を向けることができるからである。しかし、抽象的に道具の利点を議論することは、つねに時間の浪費である。貨幣理論に関心のある人々が、具体的問題に応用する際に、その効果を試すことができるように、以下で具体的な議論を提示する。

Ⅳ　法貨の供給

S11　上記の公式は、需要にのみ言及した。しかし価値の決定には、供給の公式も必要である。これは、国が貨幣としてどの物質を採用するか、そしてそれが生み出される方法に依存する。主要な選択肢には、以下のようなものがある。

S12　第一に、非兌換紙幣のみを利用している国のように、法貨の量は政府の裁量的決定によって決定されうる。この種の制度の下では、法貨の供給曲線は、政府が選んだ位置での垂直な直線となる。その公式は、$M=D$（ただしDは定数）である。

S13　第二に、法貨の総量の一部のみが、裁量的に決定されうる。これは、実際により一般的な制度である。ドイツやフランスでは、金貨とは別に多量の古い銀貨が、正当な法貨として流通している。ドイツでは、これは約二〇〇〇万ポンドに達する。(6) アメリカでは、「グリーンバック紙幣、すなわち南北戦争期に発行された政府紙幣や、一八九〇年のシャーマン法の下で、銀塊の保証をともなって発行された財務省証券と同様に、金と銀は法定貨幣である」(7)。オーストリアでは、非兌換紙幣が、金とともに流通している。以上のような貨幣制度の下では、供給曲線の形状は、全供給のうち、裁量的に供給される部分が存在しないときと同じであるが、曲線自体が右方に移動する。この

ときの公式は $M=\{D+f(P)\}$ である。このため、裁量的に決定される部分がない場合よりも、供給は非弾力的になる。

S14　第三に、一国の法定貨幣のすべてが、造幣局で自由に鋳造される金属物質で構成され、この物質の輸出入には障害がないという制度が存在しうる。この場合には、その金属一単位当たりの所与の小麦価格に対応する、ある国で利用可能な法貨の量は、世界に存在するその物質の量から、ほかの用途で――他国の通貨として、あるいは芸術などで――吸収される分を引いた量と等しい。この量は、世界の供給曲線から、ほかの用途での需要曲線を引いた曲線によって決定される。貨幣に用いられる物質が貴金属であるなら、世界の供給は短期においては、ほぼ一定とみなすことができる。世界全体での総ストックは、一年当たりの総生産量と比較してきわめて大きいので、それは、小麦価格の変化によって促される――その産業の特徴から言って、おそらく緩慢な――一年当たりの生産量の変化と比べればさらに大きくなる。ほかの国の通貨としての需要は、この論文においてすでに述べた方法で決定される。芸術用途にかんする需要曲線は、流行、嗜好、ほかの同様の芸術的用途を満たす（金にたいして銀のような）物質の入手しやすさ、などに依存する。もちろんそれは、その年の新しい供給から芸術用途に吸収される分ではなく、そのように利用される総量に関係する。一国の法貨の供給曲線は、以上の要因によって決定される。

S15　第四に、貨幣は、複本位制〔bimetallism と symmetallism〕のように、自由に鋳造され、なんらかの法的規則によって統合される二つの物質から構成されうる。われわれの関心から見ると、この種の貨幣制度と、上記のより単純な制度との主要な違いは、より多量の物質が利用可能になることであり、それによって所与の小麦価格の上昇にたいしてより大きな追加的供給が喚起される傾向があることである。すなわち、供給がより弾力的になる可能性があるのである。

S16　第五に、貨幣は、通貨発行料を支払って鋳造される物質で構成されうる。この場合、供給価格は、硬貨に含まれる物質の費用と発行手数料とを足したものになる。したがって、通貨発行料が存在しないときよりも、その物質一単位当たりの所与の小麦価格にたいして、より少ない量の鋳造貨幣しか存在しなくなるであろう。通貨発行料を一〇〇ポンド当たりsポンド、そして硬貨が作られる物質の供給関数を、$M=\phi(P)$としよう。このとき、実際の硬貨の供給関数は、

$$M=\frac{100-s}{100}\phi(P)$$

となる。(8)

S17　第六に、重要な貿易関係にある外国の通貨との固定相場を維持するように、政府が供給を規制するような貨幣制度がありうる。これは、一般にも馴染みのある金為替本位制である。そのような制度の下では、一国の貨幣供給は、商品（小麦）で表された外国通貨の価値の関数であり、後

者が上昇すれば前者は減少し、後者が低下すれば前者は増加する。その国の貨幣の価値は、その貨幣が、外国の通貨で用いられている物質から自由に鋳造される硬貨であるとしたときとまったく同様に変動するが、世界全体において少ない量の通貨しか必要とされないので、その平均水準はいくぶん低くなる。

S18　最後に、アービン・フィッシャー教授が提案している計画によって、貨幣の供給を制御する方法がある。すなわち、外国の通貨にたいしてではなく、国内の一般物価にたいして貨幣の価値を一定に保つ方法である。

S19　以上のさまざまな貨幣供給の制度は、実際に実現可能なものであり、相対的な利点について興味深い考察を行うことができる。しかし、これはわたしの目的ではない。また、これらの制度のあいだの選択が、貨幣価値という特定の問題にどのように影響するか詳細に議論するつもりもない。この論文はたんに、一つの手法を示すことを目的としており、網羅的な議論を行う場ではないので、わたしの議論は単一の主要な貨幣制度、すなわち上記の三番目に分類された、単純な金本位制に焦点を当てる。

V　需要と供給

S20　ある商品にたいして需要と供給の方程式が与えられれば、その商品の価値は、それら二つの方程式の解に見出されるというのは、純粋経済理論における一般的な考え方である。あるいは、幾何的な説明をするなら、需要曲線と供給曲線が与えられたとき、商品の価値は二つの曲線の交点の縦座標によって表される。この分析は、価値の変化をもたらす要因を考察するための助けとなる。しかし、この考察はどのような場合においてもけっして簡単なものではなく、まして現在の考察対象は、通常の消費財ではなく貨幣であるので、克服すべき困難は非常に大きい。どのような困難があるかを以下で述べる。

S21　第一に、現実においては、需要のみ、あるいは供給のみに作用する要因に直面するとはかぎらない。一つの要因が、需要と供給の双方に作用することがありうる。たとえば、ある種の発明が、一般的に生産を容易にし、貨幣の需要表を上昇させるが、それと同時に、その発明が鉱山から金を採掘するのを容易にするときには、貨幣の供給表を減少させることになる。当然、このときの最終的な結果は、需要のみ、あるいは供給のみが影響を受けた場合とは異なる。短期において、金の生産の一〇パーセントの上昇が、商品全般の生産の一〇パーセントの上昇をともなうとすると、このときの金の供給増加は、商品の供給増加をはるかに下回ることになる。したがってこのような場合には、需要をつうじた効果が主に結果を左右することになる。しかし、非常に長い期間をとると、最初に存在した金ストックは、この長い期間のあいだに生産された量に比べると取るに足りない量になるであろう。したがって、生産および供給にたいする影響はほぼ等しくなり、需要側への影響は、最終的に結果に大きく作用しなくなる。(9) しかしわたしはここで、以上のようなさまざまな要因が、どのようにお互いに作用して最終的な結果をもたらすのかについて議論するつもりはない。ここで指摘したいのは、現実には一面的ではなく、二面的な要因に対応しなければならないということである。

S22　第二に、考察対象の要因が需要側にのみ作用するときであっても、わたしの貨幣需要公式で区別した因果関係のうち、その一つにのみ影響をおよぼすことはまれであろう。この点にかんして、誤解がないようにしなければならない。わたしの需要公式は、貨幣にたいする需要表を構成する主要な要因を区別し、個別に議論することを可能にする。つまり、その公式は需要の正確な解剖学である。しかし、現実において、公式のなかのそれぞれの記号で表現されている要素が、ほかの要素と独立に変化するとはかぎらない。幼児の骨格図を描き、それぞれの骨が身長にどのように寄与しているかを計測し、そして望むなら、ほかのものが一定のまま任意の骨の長さが二倍になったとしたら、身長がどのように変化するかを計算することは正当である。しかし現実に、ほかのすべての骨が一定で一つの骨だけ長さが二倍になると想定することは正当ではない――それどころか馬鹿げている。というのも、成長過程においては一定の調和関係があり、一部に生じた変化は、ほかの部分にも作用する一般的要因の結果であるということを、われわれは理解しているからである。このことは、人体と同様に経済にも当てはまる。全般的な産業の拡大は、たんに資産の拡大――変数Rの増加――をもたらすわけではない。それは銀行の新規設立や拡張をともなうであろうから、人々が実際の法定貨幣にたいして銀行紙幣を使う比率が上昇するであろう。これはすなわち、変数cの減少である。ほかにもある。景気の拡大は、より大きな実質所得をともなうので、人々が法貨の請求権として保持しようとする資産の比率を上昇させるであろう。というのも、きわめて貧しい人は、貨幣を手元に置いておくという贅沢を許されないが、かれらが一般的に豊かになれば、より多くの貨幣を手元に置いておくことができるようになるからである。このときには、変数Rの上昇をもたらす同じ要因が、変数kにも影響をおよぼす。しかし、k（人々が法貨の請求権として保有しようとする資産の比率）とh（銀行が支払い義務にそなえるために保有する法貨の比率）は、明らかに共通の要因によって影響を受ける可能性が高い。景況感の改善はこれらをともに減少させ、銀行危機にたいする一般的な懸念の高まりは、それらを上昇させる。もちろん、以上の関係はたんに例示のための議論であって、包括的なものではない。しかし以上の議論は、わたしの需要公式の各変数が、特別な要因の個別の働きをそれぞれ表しているというわけではないことを、印象づけるには十分である。それらの変数はむしろ、単一の要因から同時に影響を受ける可能性があるのである。

S23　第三に、需要表が何らかの変化を受けたことが分かったとき、貨幣の価値にたいしてどのような影響をもたらすかという問題には、単一の答えがあるわけではない。所与の価格で需要される量が二倍になれば、短期的結果を議論するのに必要な供給表は、長期的結果を論じるのに適切な供給表とは異なるであろう。需要の変化は、貨幣の価値に一連の変化をもたらす。それは長期におよび、各時点で異なる貨幣価値をもたらす。貨幣価値がどのように影響を受けるかという問いにたいして、変化が生じてから経過した時間にたいする考慮なしに明確な答えを与えることはできない。この点は容易に例示を加えることができる。法定貨幣にたいする需要の減少による短期的影響――法貨に用いられる物質が自由に鋳造される金貨であるとすると――はもちろん、その価値を多かれ少なかれ減少させる。しかし、その価値が減少するやいなや、外国貿易を通じた二次的影響が生じる。金がある国――たとえばイギリス――で商品にたいして価値が減少したとき、外国の人たちは、金を購入する手段としてイギリスに商品を送ったり、かれらの債務のうちより大きな割合を金で契約するようになる。このように、金の供給が減少し、最初に生じた金価値の減少は、比較的に短い期間ののちに部分的に相殺される。しかし、これは唯一の反応ではない。少し長い期間ののちには、一国の金価値の減少は、外国通貨における利用と同様に、芸術用途における金の利用の増加につながる。これはまた、金価値の減少を抑制する。芸術用途の弾力性を所与とすれば、その需要の存在は、その国の通貨としての利用量にたいして、芸術用途での通常の利用量が大きければ大きいほど、金価値の減少をより強く抑制する。芸術での使用を所与とすれば、その需要が弾力的であればあるほど、金価値の減少をより強く抑制する。さらに別の反応もある。さらに長い期間をとると、金価値の減少は金鉱業への投資にたいする収益を小さくするので、その産業の活動を抑制するようになる。このような状況は、想定されるよりも間接的にしか作用しないことは認めなければならない。フィッシャー教授は以下のように述べている。「金生産が低下しはじめるとすぐに、物価水準も低下しはじめるということがよく当然のように論じられる。これは大きな誤謬である。物価水準は直接には、金生産の速度にではなく、金やその他の貨幣ストック、、、、に依存する。重要なのは、毎年の金生産が上昇しているか低下しているかではない。金の流入は、流入している貯水池の水量に影響をおよぼすかぎりにおいて重要性を有する。流水量が最大に達した瞬間に、貯水池の水量が上昇しおえるわけではない。流入量が流出量を上回るかぎり、貯水池の水量は上昇し続ける。これは、流出量が最大を超えたのちにも、しばしば長く続く(10)」。しかしもちろん、金の産出にたいする抑制は、最終的には、金価値の減少を抑制することに変わりはない。

上記の三つの要因は、それが現れるまでに一定の時間がかかる。一つ目の要因は、おそらく二つ目のものより速く生じ、三つ目の要因よりも確実に速く現れる。この三つの要因それぞれに適した期間を、たとえば一カ月目には一つ目のみが作用し、三カ月後に二つ目、四カ月後に三つ目が生じるというように、明確に区別できれば便利であろう。もちろん、このように区別することは不可能である。これらの要因はときには同時的であり、ときには入れ替わりで作用する。全体としての結果は、供給表が、長い期間をとればとるほど弾力的になるというものである。したがって、需要の変化の影響は、初期には大きく、その後は徐々に小さくなる傾向がある。

S24　最後に、貨幣にたいする需要表と供給表は、厳密にはお互いに独立ではないという点を考慮しなければならない。これまで、わたしはこれを暗黙に無視してきた。需要と供給の一般法則を入門的に説明するときには、これは経済学者にとって通常の方法である。需要関数を $p=\phi(x)$、供給関数を $p=\psi(x)$ と表すのは、一般的である。しかしもちろん、時間の要素が考慮されれば、供給関数の変化が需要関数を変化させたり、あるいはその逆が生じたりする可能性があるということは、すべての経済学者が知っている。一定期間、十分な供給が存在すれば、人々はその商品に慣れて、需要表がより高い水準に引き上げられるかもしれない。そして反対に、強い需要がある一定の期間、継続すれば、生産の効率性が拡大し、供給表を低下させるであろう。これは、幼稚需要および幼稚産業論として、よく知られたものである。これは三つの変数をともなうので、それを、需要および供給関数で表現することは不可能であるが、数式で表現するのには困難はない。経済学の教科書でこの点にあまり注目されないのは、これを無視することで、あまり正確性を犠牲にすることなく、大きな単純性が得られるからである。しかし、ある特定の問題にかんして、この点がきわめて重要でありうるということは、経済学者であれば誰でも知っている。しかも、この点――供給の変化が需要表の位置を変化させる可能性――のある側面は、貨幣理論においてとても重要であると信じる根拠がある。第一に、貨幣供給の大幅な増加は、人々が実際の現金として保有しようとする法貨の請求権の比率 c を減少させることによって、需要表を恒久的に低下させるかもしれない。この現象については、カナン教授が以下のように示唆している。「もし一ポンドが、現在において一ポンドの半分の価値の商品しか購入できなくなるなら、通貨が二倍になっているだろうとわたしは考えない。現在、わたしの平均的な金保有額は約五ポンドであり、想定されている物価上昇が生じたときに、その額は六ポンドか七ポンドに上昇するかもしれないが、一〇ポンドにまではいかないだろう。というのも二倍の金を持ち運ぶよりは頻繁に銀行に行くことを望むであろうからである」[11]。カナン教授が正しいとすると、所与の貨幣供給の上昇は、そのような反応がないときよりも小さな金価値の上昇しかもたらさないであろう。第二に、ある状況では、貨幣供給の大幅な上昇は、商品にたいして貨幣を安価にするので、銀行が準備比率を引き上げて信用の基礎をよりたしかなものにしようとするかもしれない。この影響は、戦争のまえの一五年間に生じた金生産の拡大によって生じたと信じる根拠がある。この種の変化はもちろん、変数 h の上昇および、それによって貨幣の需要表の上昇をもたらす。このとき、貨幣供給の上昇は、この反応がないときよりも、小さな貨幣価値の減少しかもたらさない。

Ⅵ　結　論

S25　以上で、この論文の目的を達成した。ここまで読んできた読者であれば、以上の議論に同意するかどうかにかかわらず、貨幣価値およびその価値の変化に作用する要因が、非常に多数でかつ複雑であるので、それらを結合する何らかの分析ツールが絶対に必要であるということには同意するであろう。分析ツールなしにこの問題に対処するのは、防具や武器なしに現代の戦争に加わるようなものである。「数量説」によって生み出されたツールは、アービン・フィッシャー教授の熟練した分析の下で偉大な結果を成し遂げた。しかしフィッシャー教授ほど熟練していない職人は、より優れた、より失敗をもたらしにくいツールを必要とするであろう。わたしがこの論文で提供しようとしたものは、まさしくこれである。

注

（1）*American Economic Association Papers*, 1905, p. 131.

（2）Carver, “The Concept of an Economic Quantity,” *Quarterly Journal of Economics*, May, 1907, pp. 443-444.

（3）Cf. Fisher, *The Purchasing Power of Money*, p. 84.

(4) *Industrial Organization of an Indian Province*, p. 306.

(5) *American Economic Review*, September, 1912, pp. 547-548.

(6) Pierson, *Principles of Economics*, vol. i, p. 425.

(7) Kinley, *Money*, p. 50.

(8) 通貨発行料のもとでの鋳造貨幣の小麦価値が、その発行料がないときよりも高くなるが、発行料の額よりも少し少ない分だけより高くなるということをこの式は意味している。この結果は、発行料として徴収した金をどのように処理するかにあまり影響されない。政府がそれを鋳造するにしても、鋳造しないまま売却するにしても、まったく変化はない。政府がそれを破壊したとしても、その量は総供給にたいしてきわめて小さいので、ほとんど影響はない。

(9) Cf. Edgeworth, *Economic Journal*, vol. v, p. 436.

(10) *American Economic Review*, September, 1912, p. 536.

(11) *Economic Journal*, September, 1910, p. 396.

訳者解題　実践の経済学――経済学史におけるピグー

ピグーとは、どのような経済学者であったか。かれの師アルフレッド・マーシャル（一八四二～一九二四年）は、主に英語圏で二〇世紀半ばまで利用された教科書『経済学原理』（初版一八九〇年）を書き、イギリスにおいて多くの弟子を育て、近代経済学の礎を形作った。ピグーと同じくマーシャルの弟子であったジョン・メイナード・ケインズ（一八八三～一九四六年）は、言わずと知れたマクロ安定化政策の預言者であり、二〇世紀におけるもっとも影響力のある思想家の一人である。歴史に名を残した両者のあいだにアーサー・セシル・ピグー（一八七七～一九五九年）が存在する。現代経済学においても、かれの名はピグー税（外部性を解消するための税制）やピグー・パティンキン効果（資産効果をつうじた長期均衡の回復効果）に残っており、外部性を明確に定式化した経済学者として知られている。

しかしその一方で、経済学の歴史においてピグーが言及される叙述には一定の型があり、それは概して否定的なものである。すなわち、一九三〇年代および四〇年代にミクロ経済学が概念的に整理されていく過程で、ピグーは効用の個人間比較可能性を掲げる経済学者の代表とみなされ、その考えが非科学的なものとして否定されるのとともに、ピグーという経済学者自身が過去の経済学を体現する人物としてあつかわれるようになった。さらに、より有名な事例では、ケインズが主著『一般理論』のなかで、ピグーを対立する論者の代表としてあつかい、ピグーの失業理論にたいして全面的な批判を提示した。

したがって、一九四〇年代以降の数十年間、経済学においてゆるぎない立場を形成した新古典派総合における両面、すなわちミクロ経済学およびマクロ経済学において、ピグーは過去の経済学者として否定的にとらえられるようになった。このため、経済学者が一般的に、ピグーを敗北した経済学者としてみなすようになったのはきわめて自然なことである。ピグーは、ケインズに敗れた経済学者、ヒックス=アレンやサミュエルソンの効用概念によって否定された経済学者であったのである。

しかし今日では、この敗北した経済学者という先入観も弱まり、上記の概念に名を残す（中立的な意味での）偉大な過去の経済学者としてみなされている。二〇世紀前半が多くの領域で歴史の対象になるのにともなって、ピグーを歴史研究の対象として中立・公平に評価することがこのように可能になった。かれが、当時のイギリス経済学界において重要な地位に就いていたことは言うまでもなく明らかである。三〇歳の若さでマーシャルの後継者として、ケンブリッジ大学で（唯一の）経済学教授に就任し、その後数々の政府委員会のメンバーとなり、イギリス経済学会の会長も務めている。当時の社会において、ピグーは権威ある立場の学者としてさまざまな役割が期待されていたのである。

さらにかれの研究内容に目を転じると、まずかれの著作の幅広さに強い印象を受けるであろう。初期には哲学的著作を残した一方、教授就任後に経済学に専念したのちも、経済学における規範、外部性、失業、財政、国際金融制度など、抽象的理論から具体的な政策問題まで幅広く対応した。このようにピグーを歴史対象として考察するためには幅広い論点が存在する。以下ではまず、かれの主要著作を振り返り、かれの業績を概観しよう。

主要な著作

ピグーの主著は、間違いなく『厚生経済学』（初版一九二〇年）およびその前身となった『富と厚生』（一九一二年）という一連の著作である。これらの著作では、ピグーは、まず人々の厚生を経済的なものと非経済的なものに区別した。そして、蓋然的に経済的な厚生の向上は、非経済的厚生も含めた総厚生を向上させる可能性が高いと主張した。そして、その経済的厚生を表す指標としては、現代の用語で言う国民所得が、いくつかの留保条件の下で——たとえば市場外取引（主婦の家事労働など）を考慮に入れることができないことなど——、最適であると論じた。

この出発点から、三つの厚生命題——①国民所得の大きさ、②そのうち貧者への分配、③国民所得の安定性が、それぞれ大きければ大きいほど、経済的厚生は改善される——を提起した。しかしピグーは命題を提出したのみならず、さまざまな経済的現象がこの各命題に照らしてどのように評価されるのかについても議論した。『富と厚生』四九三頁、『厚生経済学』初版九七六頁の実に大半が、そのような具体的問題の議論に割かれている。

そこでは、マーシャル的な部分均衡論が利用され、資源の最適配分というベンチマークが各政策の評価に用いられる。のちには個別の議論がさらに発展し、『厚生経済学』の次版から景気循環論が独立し別の著作『景気変動』（一九二七年）が出版され、同様に『財政研究』（一九二八年）が別個に出版されるようになった。『富と厚生』は、ピグーが三五歳のときに刊行されており、厚生命題を中心とした部分均衡論の応用的議論は、かれがきわめて若いときから長期間にわたってかかわった、人生における中心的テーマであったと言える。

なぜピグーは、このような「厚生経済学」の確立に取りかかろうとしたのであろうか。一つの手がかりは、『富と厚生』の序文における次のような表現である。すなわちかれはそこで、失業問題の考察を進めるにつれて、失業が経済のより広い問題と密接に関連していることに気づくようになったと述べている。実際にピグーが、貧困および失業問題に強い関心を寄せていたということを支持する多くの根拠が存在する。(1)

一九世紀末および二〇世紀初頭の時代のイギリスにおいて、労働問題はきわめて重要であったことはたしかである。チャールズ・ブース（一八四〇〜一九一六年）やシーボーム・ラウントレー（一八七一〜一九五四年）によって行われた大規模な社会調査は、ロンドンおよびその近郊の低賃金労働者の苦しい生活状況を明らかにした。大きな社会的関心を集めたストライキやデモ——そのうちいくらかは暴動に発展した——が起こり、シドニー・ウェッブ（一八五九〜一九四七年）、ベアトリス・ウェッブ（一八五八〜一九四三年）夫妻やヘンリー・ハインドマン（一八四二〜一九二一年）のような社会主義著作家が盛んに運動を展開していた。

主として、民間慈善団体が貧困に対応していたものの、中央政府や地方政府もこれらの運動に対応しようとした。失業対策を議論する議会委員会を設置したり、慈善団体の活動——都市の失業者を地方で農業者として訓練するなど——をサポートしたり、小規模な公共事業を行ったりすることで、政府は失業問題を緩和しようとしたのである(2)。これらの政策上の試行錯誤が、最終的に、一九一〇年前後の一連の福祉政策の実現をもたらし、イギリスにおいて第一次大戦直前の福祉国家の萌芽を形成した。実際にピグーの『富と厚生』や『厚生経済学』には、当時新しく導入された失業保険や最低賃金にかんする詳細な議論があり、かれが同時代の社会法制に強い関心を持っていたことがうかがえる。

『厚生経済学』における外部性およびピグー税にかんする議論は、ピグーがのちの経済学に与えた影響という点において特別な考慮に値する。同著における重要な概念の一つに、社会的限界生産物の価値と私的限界生産物の価値との乖離がある。私的限界生産物の価値というのは、各経済主体が取引を行う際の、かれ自身への利得と費用との差である。その一方で、利得と費用が必ずしも取引を行う主体にのみ発生するとはかぎらず、第三者に何らかの影響をおよぼす可能性がある。このときには、取引を行う人にとってのメリットと、（第三者を含んだ）社会全体にとってのメリットが乖離することになる。このため、社会は、一部の経済取引によって不当に費用をこうむったり、本来であれば可能な便益を実現しそこねたりする可能性がある。これを防ぐために、政府は補助金や税を用いて各経済主体にとっての利得と費用を社会的費用や便益を反映したものに変化させることができる。以上の議論によって、ピグーは、市場にはそれ自体では達成できないものがあり、政府が有効にそれを改善できる可能性があると指摘した。

『厚生経済学』初版から独立し別の著作になった『産業変動』も、ピグーの主著に数えられるべきである。これは大部の著作であり、当時の景気変動論を包括的に議論し、一九二〇年代の景気変動にたいする経済学者たちの理解を知る重要な文献である。かれはここで、景気変動の要因を、実質的要因、心理的要因、貨幣的要因に区別した。ピグーは、当時の貨幣論の権威であった財務省の経済学者ラルフ・ホートレー（一八七九～一九七五年）の、景気変動はすべて貨幣的現象であるという見方に反対し、貨幣は景気変動を始動させる能力はないと主張した。しかし、ピグーは貨幣は景気変動を強める効果があることは認めており、けっして非貨幣的要因のみにもとづいて景気変動を議論したわけではなかった。

ピグーの景気変動論の特色は、心理的要因を明確に取り上げたことである。心理的要因とは、過度に楽観的な、あるいは悲観的な将来期待を指しており、ピグーは主として景気循環を心理的要因によって説明している。というのも、事業計画がいったん楽観的な期待にもとづいて形成されれば、投資の回収時点において、その期待が誤りであったということに気づき、期待を修正することを迫られる。そして概して今度は過度に悲観的な期待を持つようになる。期待は、取引関係や一般メディアをつうじて、広く共有される傾向があり、これが全般的な経済の活動を循環的に変動させ、さらに貨幣的要因——民間銀行は景気がよいときに貸し出しを増やす傾向があるとピグーは指摘している——によってそれが増幅され、大きな浪費をもたらす景気循環を生み出すのである。

もう一つの派生的著作『財政研究』もかれが強い関心を寄せた研究テーマであった。とくに第一次大戦の財政負担をどのように担うべきかという時事的な関心を持ち（第5章を参照）、公共的議論にも参加した。この著作では、明確な基準の下で財政に関する諸問題があつかわれる。それは、均等限界利得および均等限界犠牲の原理である。すなわち、追加的な増税一単位あるいは追加的な公的支出一単位が、すべての方面において均等の利得および犠牲をともなうような状態を最善とみなす原理である。このような原理にさらに、課税にともなう死重的損失や分配への考慮をもとに、累進課税や消費税の議論がなされる。ピグーは累進課税が均等限界犠牲の原理に適合していると主張し、またかれの教え子フランク・ラムゼーの数理モデルを参照して、弾力性の低い商品に高い税率を課すのが望ましいと主張した。さらに最後の章では、資本課税、すなわち富者にたいする外形標準課税にかんして、第一次大戦直後には賛成していたが、この著作を書いた一九二〇年代後半には、資本逃避や頭脳流出を招くため反対するとかれは述べた。

以上の主要な三著作――『厚生経済学』、『産業変動』、『財政研究』――はピグーの経済学者としての特徴を明確に伝えている。マーシャルやケインズが以前とは異なる新しい経済学の創造を行ったのとは対照的に、ピグーは、規範的議論や制度にたいする詳細な観察といった要素を既存の経済学に付け加え、現実の問題により直接に働きかけることのできる学問を実現したのである。この点において、かれの重要性が時代とともに見過ごされるのは自然なことかもしれない。

しかしその一方で、以上のようにマーシャル経済学の解説や応用をつうじて、現代経済学の一般への普及を行ったと言えるであろうし、デニス・ロバートソン（一八九〇〜一九六三年）やジョーン・ロビンソン（一九〇三〜八三年）のような弟子を育て、新たな経済学の分野――ロバートソンの景気変動論、ロビンソンの不完全競争理論――を切り拓くのに間接的に貢献したということも指摘できる。つまりピグーは、現代の経済学に至る歴史の一局面において、重要な結節点となっているのである。現在、外部性という概念がピグーと結びつけられるのは幸運である。というのも、その概念はかれが実現しようとした経済学を適切に象徴しているからである。ピグー経済学は、現実にたいする幅広い理解を下に人々の厚生を有効に改善するための手段として意図されたものであった。

ケインズとの論争

ケインズは、ケンブリッジ大学で論理学講師を務め、経済学にかんしても著作を著しているジョン・ネヴィル・ケインズ（一八五二〜一九四九年）を父に持ち、マーシャルとも幼少のころから知己であった。ピグーともきわめて初期から交流を持ち(3)、ケインズが講師としてケンブリッジ大学で教鞭をとったときには、同僚として親交を保った。ケインズが『平和の経済的帰結』（一九一九年）を刊行し、大きな論争の的となったときには、ピグーはこの著作にたいして最大限の賛辞をケインズに送っている（Skidelsky 1983, 394）。一九二〇年代には金本位制復帰にかんして両者のあいだに意見の相違があったが、ケインズにとってこの点での意見の対立はピグーに限ったことではなかった。しかしそののち、ケンブリッジ大学内において、ケインズは次第にリチャード・カーン（一九〇五〜八九年）らの若い経済学者との交流を持つようになり、ピグーやロバートソンとは疎遠になっていた（Skidelsky 1992, 424）。

『雇用、利子および貨幣にかんする一般理論』において、ケインズは執拗に批判的な文脈でピグーに言及している。たとえば、貨幣は摩擦でしかないとか、失業を無視しても議論の根幹には影響しないとか、多量の失業があっても実質賃金が下落すると労働供給が減少するなどとピグーが考えていると、ケインズは読者に印象づけようとした。実際に、ケインズは意図的に論争を呼ぶ表現を用いようとしたということを指摘できる。校正刷りを読み、ピグーを含む古典派にたいする批判を弱めることを助言したロイ・ハロッド（一九〇〇～七八年）にたいしてケインズはつぎのように言った。「のれんに腕押しになることを大いに恐れている。古典派が返答を強いられるほどに十分強く批判しないかぎり、それはのれんに腕押しになるとわたしは確信している。つまり、わたしは騒ぎを起こしたいのである」(Skidelsky 1992, 534)。

ケインズの批判の本質は以下のようなものであった。ケインズは主として、ピグーがその数年前に刊行した『失業の理論』（一九三三年）に依拠して、ピグーがそこで想定するほど名目賃金切り下げは雇用にたいして有効ではないと指摘しようとした。『失業の理論』において、ピグーは主として、名目賃金が切り下げられたとき、どの程度の雇用拡大をともなうか――すなわち雇用にたいする名目賃金の弾力性の推定――という定量的問題をあつかった。複雑な数式とさまざまな前提を用いて、最終的にかれはその弾力性が一以上になるという結論を下した。

このピグーの議論にたいして、ケインズはまったく異なる枠組みから名目賃金の下落を議論した。ケインズの比較静学的枠組みにおいては、名目賃金の下落は、同時に物価を下落させるため、有効需要を変化させることはない。そのため、名目賃金の切り下げはそれ自体では失業を減少させることはない。ただし、賃金切り下げには二次的影響があり、ケインズはとくに二つの二次的影響に注目した。すなわち第一に、現在の賃金切り下げがさらなる将来の切り下げ期待を生み、現在の投資意欲を損なうという影響。そして第二に、名目賃金の切り下げ（およびそれにともなう物価の下落）が、実質価値における貨幣供給量を上昇させるので、それによって利子率が低下し、投資が拡大するという影響である。第二の二次的影響が生じるかぎり、ピグーの議論、すなわち名目賃金の切り下げが失業を減少させるという主張は正しい。しかし、金融政策によって直接利子率を引き下げるほうが、はるかに容易に、摩擦を生じさせることなく同じ結果をもたらすことができるとケインズは述べている。

ピグーはこのような議論に反発した。翌年、学術雑誌に掲載した論文では、「賃金切り下げはたんなる儀式ではない」と述べ、明確にケインズに反論を加えようとした（Pigou 1937）。そこでは、利子率や名目賃金、実質所得などを含んだ二つの方程式からなる数理モデルをたて、名目賃金の切り下げが直接に、すなわち利子率の下落をともなわなくとも、雇用を改善させると結論づけた。しかし、この論文にたいするケインズおよび、当時ロンドン・スクール・オブ・エコノミクスの講師であったニコラス・カルドア（一九〇八～八六年）の反論を受けて、ピグーはこの試みが失敗であったことを認める論文を翌年に掲載した。ピグーの譲歩は、当時ケインズ批判の論陣を張っていたライオネル・ロビンズ（一八九八～一九八四年）を落胆させたと言われている（Young 1987, 109）。ピグーがこの論争において何に失敗したのかについては、いまだ学史家のあいだで共通の解釈は存在しないが、訳者は、ピグーがみずから設定した数理モデルの分析を不十分にしか行えなかったことが敗北の原因であったと考えている。実際に、ピグーはのちにこの論争中に学んだモデル分析の手法を用いて、現在ピグー・パティンキン効果とも呼ばれる、実物残高効果を定式化している。この効果はまさに、利子率の下落をともなわずとも、名目賃金切り下げが直接に雇用を拡大させる効果なのである。(4)

ピグーとケインズとの対立は、経済学の歴史における有名なエピソードであるが、個別にその詳細を考慮すれば、単純にケインズの議論がピグーの議論に優っていたという解釈をとるのは困難である。ある程度の幸運がケインズに味方したのは事実である。一九二〇年代の金本位制をめぐる対立では、ピグーが想定したほどに名目賃金が低下せず、イギリスは高失業に苦しんだ。これは、二〇年代初頭に金本性復帰を支持したピグーにとっては不利な出来事であった。さらに、『一般理論』出版後の論争においては、カルドアが自発的にピグー批判の論文を投稿し、ピグーはカルドアの議論を受け入れた。すなわち、この論争においてケインズの役割は限定的なものであった。さらに第二次大戦後には、実物残高効果はケインズの枠組みに取り込まれ、一般均衡論を主体とするミクロ経済学とIS-LMモデルにもとづくマクロ経済学のかすがいの役割を果たすようになった。この時点においては、ピグーが主張し続けた名目賃金の重要性は、ケインズの反対を乗り越えて経済学に生き続けることになったのである。

現代におけるピグー

現代の経済学者が、ピグーをどのように議論しているかを見ることは興味深いであろう。現代において、ピグーはどのような存在として語られているのであろうか。

『マクロ経済学』などの教科書で有名な、ハーバード大学のグレゴリー・マンキュー（一九五八年生）は、ガソリンのようなエネルギー関連製品にかんする増税を求めて、多くの経済学者とともに二〇〇六年に「ピグー・クラブ」を創設した。二〇〇九年に刊行された「賢明な課税――ピグー・クラブへの公開招待状」という論文において、マンキューはまず、大多数の経済学者はガソリン税に肯定的であるにもかかわらず、一般の世論が反対しているのは、大衆の無知のせいであると主張している（Mankiw 2009）。したがって、経済学者が一体となって、ピグー税の有効性を大衆に説得することには大きな利点があると主張している。

ここで用いられている理論的枠組みは、ピグーの時代と変わらない。ある経済取引が、その取引に直接参加していない人に悪い結果を与えるとき――すなわち外部不経済が存在するとき――、そのような経済取引は何らかの方法で抑制されるべきである。税を課すことによって、その取引の参加者が得る利得を下げることが可能であるので、それによってその経済取引を間接に抑制することができる。この方法は、直接の規制のようなほかの手段にくらべて、経済行為を妨害する程度が小さいし、また新たな税収を得ることができるという利点もある。

さらにマンキューは、いわゆるキャップ・アンド・トレード制を用いた排出権取引にくらべても、ピグー税のほうが優れていると主張している。というのも、キャップ・アンド・トレードでは、排出量の多い企業に排出権が多く付与されることになるので、これまで環境を多く汚染した企業に排出権という資産をより多く与えるというジレンマが存在する。また政府から見れば、排出権取引導入による製品価格の上昇は、税として国庫に回収されず、環境汚染をする企業の利益になるという欠点がある。より単純にピグー税を導入することによって、有効に外部性を解決することができるというのがマンキューの主張である。ピグー・クラブは、この考えを効果的に一般に広めるために設立された。

厚生経済学にたいする貢献で一九九八年のノーベル経済学賞を受賞したアマルティア・セン（一九三三年生）は、二〇〇八年の経済危機後に書いた一般向けの論文のなかでピグーに言及している（Sen 2009）。そこでセンは、ピグーの景気循環論をきわめて好意的に紹介した。センは、本解説において上述した、ピグーの景気変動における心理的要因を紹介し、それは現在の経済危機を理解する上で重要であると評価した。

しかし、センの主要な関心はここにはない。センはのちの箇所で、ピグーが厚生経済学の創始者であることに言及し、われわれは、たんなる危機からの脱却ではなく、社会的厚生を向上するために、より長期的な目標にも関与しなければならないと注意を促した。センは、とくに中国とアメリカの医療保険制度を問題にし、ピグーの「非市場的制度の重要性にかんする深い洞察」を現代の社会経済問題に活用するべきであると論じている。センは、このようにピグーを、二重の意味で現在の諸問題に有効な経済学者として紹介した。

ケインズやハイエクやフリードマンほど頻繁ではないにしても、比較的知られていないピグーの名前が以上のように用いられるのはなぜであろうか。その理由の一つはもちろん、ピグーが経済学にたいして実際に行った貢献が大きいということである。しかしこのような純粋な歴史的理由以外にも、より現代的な理由を挙げることができるであろう。それは、ピグーという名前が持っている政治的中立性であり、ピグーに言及しても、経済学者のあいだでイデオロギー的対立を刺激することがないということである。

経済学者の名前が、個人本人とは独立した特定のイデオロギーを体現する言葉として用いられるとき、上に挙げた三人には通常きわめて明確な意味が付与される。ケインズは不況期における政府介入を体現しており、通常リベラルな政治観が付与される。その一方でハイエクやフリードマンは、可能なかぎり政府介入の存在しない自由な経済社会を体現し、ケインズとはまったく反対の政治的信条を表す。

ピグーはこの意味できわめて特殊な立場にある。ケインズに批判されたことを見ればピグーは保守的論者であるが、厚生経済学において所得分配や公的サービスの重要性を指摘したことを考慮すればピグーは革新的論者であると言える。このような両義性は、たしかにピグーの名前を持ち出すことを不便にするであろうが、その一方でかれの名前は、イデオロギーの対立を弱めるというきわめて重要な機能を果たすこともできる。本書がピグーをより人口に膾炙した名詞として利用されることに資するなら、訳者の幸甚である。

各章の紹介

以下では、ピグーにかんする以上の一般的説明に関連させながら、本書の各章を簡単に解説する。第1章では、ピグーが経済学という学問をどのようにとらえていたかを示す論文を訳出した。ここには、経済学の重要性を、冗談を交えて平易に説く控えめな初老の学者の姿がある。ピグーは、経済学の重要性は、「果実」すなわち、現実の人々の生活を改善することにあると断言している。その一つの方法として、一般の論者が経済理論や統計を誤って解釈する傾向があるため、それを専門の経済学者が訂正することは社会的に望ましいことであると指摘している。ただしこれを行うには、経済学特有の困難があることも、ピグーはみずからの経験に言及しながら指摘している。

第2章から第5章では、ピグーが生涯かかわり続けた経済政策にかんする論文を集めた。ここで論じられる政策問題は、そのときどきの喫緊の政策課題であった。一九〇三年に、閣僚であったジョゼフ・チェンバリンが保護貿易を求める政治運動を主導したとき、当時の経済学者は二つの陣営に分かれた。主として理論的な経済学者はチェンバリンを批判し、一方で経済史を専門とする学者は保護貿易を擁護した。当時二〇代後半のピグーは、保護貿易反対派として積極的にこの論争に加わり、一般雑誌や演説のなかで冷静な学問的観点を提示した。訳出した論文「保護貿易と労働階級」は、総選挙を直前に控えた一九〇五年一二月に出版されたエジンバラ・レビュー誌上の論文である。この論文を一読すると、ピグーが関税支持派なのか反対派なのか、判断がつかないかもしれない。かれはけっしてレトリックを用いて論敵を攻撃するような論者ではなかった。むしろ論敵の議論を論敵自身よりもうまく表現し、その上で批判を加えるのがピグーの方法であった。この論文が、実際の論争にどれほど影響を与えたかは定かではないが、ほかの関税反対派の論者に有効な議論を提供したと推測することはできる。

「住宅問題の諸側面」は、一九一三年の講演をベースとした論文である。ここではピグーは、経済学者として指摘したいこと――住宅問題は貧困問題であり、一定の政府援助を拠出するべき――を述べる前に、住宅問題にかんするさまざまな論点を詳細に議論している。すなわちかれは、よい住宅環境に求められる具体的条件を議論したり、家主の努力で貧者の住宅環境が一定程度、改善できた実例を紹介したりしている。この論文の最終的結論の論調はきわめて革新的である。ピグーは、所得の再分配をともなう住宅政策に強い共感を示した。一九一三年という執筆年は、一部、この論調を説明するであろう。というのも、この時期は上述のとおり、社会福祉政策が立て続けに導入された時期であったからである。

ピグーの一般的な所得分配にたいする見方を知るには、つぎの「賃金率の阻害要因」がきわめてよい文献である。この論文ではかれは、単純な所得の再分配によって労働者の所得を大きく改善することはできないと論じている。必要なのはむしろ、国民所得の総量の拡大であり、相続税などの、経済に悪影響を与えにくい税によって教育や育児支援を行うこと、はこの点において意味のある政策であるとピグーは主張している。第3章「住宅問題の諸側面」と比較すれば、論調の違いこそあれ、有効な政策をつうじて所得分配の改善を目指すという結論の内容に変わりはない。

第5章「戦争負担と将来世代」は、第一次大戦後の財政問題を取り扱った論文である。政府の歳入を課税によってまかなう方法と、公債発行によってまかなう方法が対比され、前者のほうが将来の投資活動を抑制する効果が小さいという結論を下している。現実には、戦争は大規模な支出をともなうので、公債にも頼る必要があることを認めているが、ピグーの基本的立場は、可能なかぎり課税によって戦争負担をまかなうべきというものであった。

つぎの二つの論文――「節約と浪費」と「インフレーション、デフレーション、リフレーション」――は、大恐慌の真っ只中の一九三〇年代初頭に、まさに不況や大量失業について書かれた論文である。「節約と浪費」でピグーは、不況期に失業者が大量に存在しているときに公共支出を増加することは、資源の浪費ではないと主張している。そしてもう一方の「インフレーション、デフレーション、リフレーション」では、リフレーション政策――ピグーの定義では、意図的に物価を過去の水準にまで上昇させる政策――が有効になる状況が存在することを議論している。

第8章から第10章の三つの論文は、ピグーが同時代の経済学者をどのように見ていたかを伝えるものである。第一にジョン・メイナード・ケインズにたいする追悼文のなかで、ピグーはケインズにたいして、否定的な評価も包み隠さず、率直に敬意と親愛の情を示している。革命児たる素質を有効に活用し、経済学を一変させた比類のない人物であったとかれは評している。

第二にフリードリヒ・ハイエクの『隷従への道』にたいする書評では、ハイエクの力強い文章をたたえる一方で、経済にたいする政府介入が必然的に独裁政治体制をもたらすという主張には共感を示していない。第三にジェームズ・ドゥーゼンベリーの『所得、貯蓄、および消費者行動の理論』を取り上げた短い論文のなかで、ピグーはその相対所得仮説に疑問を呈している。

最後の第11章から第13章では、ピグーの経済理論における貢献を理解するための論文を訳出した。第一の「双方独占下での均衡」は、主としてかれが労使交渉の分析のために発展させた交渉モデルをあつかっている。マーシャルはのちに、独占理論に貢献した経済学者として、クールノーとエッジワースとならんでピグーを挙げている。第二の論文「生産者余剰と消費者余剰」は、のちの『富と厚生』や『厚生経済学』での私的限界利益と社会的限界利益の区別につながる重要な論文である。この二つの論文が示すとおり、ピグーの理論的関心はつねに、現実の問題から出発していた。

三つ目の論文は、マーシャルから口伝されたケンブリッジ貨幣論を、アメリカの読者に伝えるために *Quarterly Journal of Economics* に書かれたものである。ピグーはここで、フィッシャーの交換方程式 $MV=PT$ と対比して、みずからの現金残高方程式 $M=kPY$ のほうが分析道具として優れていると主張した。というのも、貨幣理論に熟達していない人でも、後者を用いるほうが誤解を持つ可能性が小さいとピグーは考えたからである。

以上の論文は、ピグーがどのような経済学者であったかを理解する上で重要であるだけではない。これらの論文は、それ自体としても重要な知識を与えてくれる。ピグーの時代の経済学、すなわち二〇世紀前半の経済学は、すでに限界革命をへた経済学であり、現在の経済学と大きく異ならない。したがって、ここに訳出した論文の多くは、現代の経済学の考え方に共通する経済にたいする理解を説明したものであると言ってよい。

三つの章を例にとり、この点を説明しよう。第6章「節約と浪費」は、完全雇用の経済と不完全雇用の経済では、効率的な財政の意味が正反対になることを説明している。すなわち、完全雇用の経済では、公共支出によって民間の経済活動を代替することは、通常、非効率であり、浪費である。しかし反対に不完全雇用の経済では、失業者が存在しているため、かれらを公的な支出によって雇用することは、利用されていない資源を活用するという意味で「節約」になるのである。これは、現実の経済政策を考える上できわめて重要な点である。ミクロ経済的視点で効率的な政策は、不完全雇用の状況では、失業を増大させる可能性があることは、現代においてもたびたび見過ごされる点であり、この論文のメッセージは、いまもなお古びていない。

第3章「住宅問題の諸側面」と第4章「賃金率の阻害要因」は、所得格差の問題にたいして冷静でかつ真剣な議論を提供している。ピグーは、経済成長が最善の貧困対策であると指摘する一方で、けっして所得再分配政策には反対していない。ピグーはつぎのように言っている。「富の生産に深刻な悪影響をおよぼし、それによって貧者自身の境遇に悪影響がおよぶことがないという条件のもとで、富裕な人はより貧しい隣人を助けるように政府によって要求されるべきであるとわたしは信じる」。この言葉に示されている考え方には、現代の経済学者の多くが同意するであろう。これらの論文は、所得格差を経済学者が一般にどのようにとらえているかを知るための格好の素材である。

結　論

本稿では、各章をよりよく理解するために、経済学の歴史のなかでピグーをどのように位置づけるべきかという問題を議論してきた。ピグーは、マーシャルを尊敬していた一方で、マーシャルの『経済学原理』には満足できなかった。ピグーが志向したのは、現実の経済を改善することを直接の目的とした経済学であり、かれは、マーシャルよりも明確に、政府介入にたいして積極的な態度をとった。この態度が、二〇世紀初頭の福祉政策の導入や大きな戦争を経て、経済への介入を増したイギリス社会とうまく適合したのは事実であろう。ピグーは、このような社会の大きな変化のなかで、マーシャルから受け継いだ経済学をより有効なものに変えていこうとした。結果として誕生した厚生経済学はその後、経済学という学問において、規範の問題をあつかう特異な領域として発展したのである。

しかしかれの著作『厚生経済学』の主要な意義は、その後の厚生経済学の基礎を作ったことだけにあるのではなく、経済学教育における政策論などの科目にたいしてより直接の貢献をなしたことにもある。その点において同著は、ライオネル・ロビンズの『政治と経済学』(一九六三年)やジェームズ・ミードの『公正な経済学』(一九七六年)などの政策決定にかかわった経済学者の著作と類似性がある。マリオン・フルカードが最近の著書で指摘したように、厚生経済学はイギリスの知的文化に根ざした学問分野であるという見方がある(Fourcade 2010, 26)。つまり厚生経済学は、大学の経済学者が、社会から一定の距離を保ちながら、知的エリートとしての社会的責任を果たす手段であったということである。まさにピグーはそのような文脈で、冷静な規範意識と最先端の経済理論を結合させ、厚生経済学を樹立した。

ケインズとの論争にかんしても、この観点は重要である。というのもピグーの政策提言は、かれの当時の理論的関心とは正反対のものだったからである。一九三〇年代の大不況期におけるピグーの政策提言は、労働組合への圧力を強めることではなく、実際には政策金利の低下および公共支出の増加であった。本書に訳出した不況にかんする二つの章（第6章、第7章）を読めば、この点を容易に理解することができるだろう。

たしかにピグーは、失業理論においてケインズと対立した。しかしこの点をもって、ピグーを、ハイエクや（一九三〇年代の）ライオネル・ロビンズのような保守的経済学者と決めつける必要は必ずしもない。ピグーの不況期における政策的立場は、以下のように特徴づけることができる。すなわちかれは、労働者の自発的な賃金調整にはつねに期待を示しながら、短期的政策として公共支出や緩和的金融政策をつよく求めていた。この政策観は、現在では多くの経済学者や政策担当者が受け入れるものであろうが、二〇世紀前半においてはけっして広く受け入れられた考え方ではなかった。戦間期の大変動期におけるピグーの冷静な視点は、特別な関心が向けられるべきであろう。このようにピグーは経済学の歴史において固有の地位にある。かれが多くの分野で経済学を現在の形に近づけたことに間違いはない。

本書は、多くの人の信頼と支援によって完成することができました。京都大学の根井先生にお話をいただき、ミネルヴァ書房の堀川さんに方向性を定めてもらいました。翻訳を進めている途中にも、早稲田大学経済学研究科若田部ゼミの大学院生に一部の翻訳の校正を手伝ってもらい、読みやすさを改善することができました。大倉直也君、中西俊夫君、田中元君に感謝します。言うまでもなく、本書の誤りはすべて私に帰するべきものです。

二〇一五年一月

高見典和

注

（1）初期の著作には労働や貧困問題にかんするものが多い。一九〇一年には、*The Heart of the Empire: Discussions of Problems of Modern City Life in England. With an Essay on Imperialism* という論文集に慈善活動に関する章を書いている。また一九〇五年には、労使関係にかんする単著 *The Principles and Methods of Industrial Peace* を書いている。

（2）Harris (1972).

（3）ピグーの一九〇五年の著作では、序文にメイナード・ケインズにたいする謝辞が述べられている。

(4) Takami (2014) を参照。

参考文献

Fourcade, M. 2010. *Economists and Societies. Discipline and Profession in the United States, Great Britain and Finance*. Princeton: Princeton University Press.

Groenewegen, P. D. 1995. *A Soaring Eagle: Alfred Marshall 1842 -1924*. Aldershot: E. Elgar.

Harris, J. 1972. *Unemployment and Politics: A Study of English Social Policy, 1886-1914*. Oxford: Oxford University Press.

Mankiw, N. G. 2009. "Smart Taxes: An Open Invitation to Join the Pigou Club." *Eastern Economic Journal* 35 (1): 14-23.

Pigou, A. C. 1937. "Real and Money Wage Rates in Relation to Unemployment." *The Economic Journal* 47 (187): 405-422.

Sen, A. 2009. "Capitalism Beyond the Crisis." *The New York Review of Books*. 56 (5): 26.

Skidelsky, R. 1983. *Hopes Betrayed, 1883 -1920. Vol. 1 of John Maynard Keynes*. London: Macmillan.

———. 1992. *The Economist as Saviour, 1920 -1937. Vol. 2 of John Maynard Keynes*. London: Macmillan.

Takami, N. 2014. "Models and Mathematics: How Pigou Came to Adopt the IS-LM-model Reasoning." *Journal of the History of Economic Thought*. 36(2): 169-186.

Young, W. 1987. *Interpreting Mr. Keynes: The IS-LM Enigma*. Cambridge: Polity Press Cambridge.

ハ　行

マ　行

ラ・ワ　行

索　引
（＊は人名）

ア　行

カ　行

サ　行

タ　行

《著者紹介》

アーサー・C・ピグー（Arthur Cecil Pigou：1877-1959）

厚生経済学を確立したことで知られる20世紀前半イギリスの経済学者。ピグー税（外部性を解決するための税）などに名を残す。アルフレッド・マーシャルの弟子であり，ジョン・メイナード・ケインズの兄弟子。イギリス・ワイト島に退役軍人の父の下に生まれた。ケンブリッジ大学では，倫理学，政治哲学，経済学を修める。1908年マーシャルのあとを継ぎ，30歳にしてケンブリッジ大学唯一の経済学正教授に就任。1912年に『富と厚生』，1920年に『厚生経済学』初版を出版し，規範的命題を明示的にあつかう厚生経済学を打ち立てる。ほかにも景気変動論や財政論などの著作を残す。1930年代以降は，失業をあつかう数理モデルの研究をすすめるが，ケインズに激しく批判された。デニス・ロバートソンやジョーン・ロビンソンなど，多くの経済学者を育てる。

《訳者紹介》

高見典和（たかみ・のりかず）

1980年　生まれ。
2009年　大阪大学大学院経済学研究科博士後期課程修了。日本学術振興会特別研究員，デューク大学経済学史センター客員研究員，早稲田大学政治経済学術院助教を経て，
現　在　一橋大学経済研究所専任講師。

ピグー　知識と実践の厚生経済学

2015年5月15日　初版第1刷発行　〈検印省略〉

定価はカバーに
表示しています

訳　者　高　見　典　和
発行者　杉　田　啓　三
印刷者　中　村　勝　弘

発行所　株式会社　ミネルヴァ書房
607-8494　京都市山科区日ノ岡堤谷町1
電話代表（075）581-5191
振替口座　01020-0-8076

中村印刷・兼文堂

ISBN978-4-623-07157-9

Printed in Japan